市民力ライブラリー

自治体若者政策・愛知県新城市の挑戦

どのように若者を集め、その力を引き出したのか

松下啓一・穂積亮次●編

萌書房

〈市民力ライブラリー〉の刊行によせて

近年とみに、価値の流転が著しい。主権国家ですら、その存在意義が問われる時代にあって、政府と市民の関係も変容を免れない。豊かさの指標が、人の温かさや思いやりにまで広がってきたこととも関係するが、政府と市民の関係を二項対立的にとらえるだけでは、市民の豊かな暮らしは創れない。対峙するだけでなく、ある時は協力、協調し、またある時は競争、競合するといった、重層的・複合的な関係性のなかでとらえていく必要があるだろう。これは市民にとって、自らの力が試されることでもある。こうした市民の力を発掘し、育むのが、〈市民力ライブラリー〉である。

市民力の同義語は、民主主義だと思う。私たちは、民主制社会に暮らしているが、アテネの昔から、この制度は扱いが難しい仕組みである。気を抜くとあっという間に崩壊し、人々を傷つけることになる。民主制が有効に機能するには、市民一人ひとりの自律性と、共同体の事柄を我がことのように思う貢献性が求められるが、民主主義のありようが問われている今日だからこそ、市民力を基軸に新しい社会を創っていこうではないか。

〈市民力ライブラリー〉と銘打ったのは、今後も継続するということである。市民にとって有用な知識や知恵を間断なく提供し続けたいと思う。それには、持続可能なシステムとたゆまぬ努力が必要になる。商業出版であることを意識し、その強みを活かしたと思う。〈市民力ライブラリー〉であるから、論者は研究者にかぎらない。さまざまな市民力の書き手が現れることも期待している。

二〇〇九年五月

松下 啓一

はじめに

地方自治を取り巻く状況は厳しく、今後もその困難さは、増すばかりである。そういう時代だからこそ、全国の自治体に元気を与え、あるいは自信を取り戻せるような、光明のようなものが必要になる。愛知県新城市は、若者政策をはじめとして、全国の自治体をリードする政策を次々に打ち出し、全国の自治体に希望を与えてきた自治体のひとつである。

とりわけ私が注目するのは、その体系的な取り組みである。まず自治基本条例で、今後の自治経営のあり方として、行政・議会のほか、市民、地域団体、ＮＰＯ、企業等がその持てる力を存分に発揮して、自治の諸問題に立ち向かっていくことを明確にした。

その上で、次世代の担い手として期待されながらも、これまで地域とは疎遠であった若者の出番をつくる若者総合政策や若者議会、男性優位社会の中で、出番が少なかった女性の出番をつくる女性議会、身近な自治を実践する仕組みとしての地域自治区、企業や事業者の奮闘を期待する地域産業総合振興条例など、自治のアクターが、その力を発揮するための政策を矢継ぎ早に提案してきた。

これは、従来型の役所依存、役所への要求であった自治を大きく転換し、地域の人や組織がその力を存分に発揮することで、地域が抱える課題を乗り越えていこうという新たな自治の提案でもある。

本書は新城市の若者政策を紹介するものである。若者政策は、新城市が提起するさまざまな政策のうち、特に注目度が高い政策でもある。人口減少、超高齢時代を迎える時、次の時代の担い手である若者を無視しては、自治やまちが継続しないのは明らかで、それを新城市は、若者条例、若者議会条例というかたちで全国に先駆けて制定し、若者のまちへの主体的参加の道を切り開いてきた。その思想や仕組み、さらには若者を集め、その力を引き出すノウハウを紹介するのが本書の内容である。

本書は三章で構成されている。

第1章は、若者政策の意義である。なぜ今、若者政策なのか、その意義はどこにあるかを明らかにした。

第2章は、新城市の若者政策の取り組み過程と内容である。若者議会や若者総合政策など、これまで新城市が実施してきた政策を紹介するとともに、若者をどのように集め、その力を存分に発揮してもらうために、どんなことをやったのか、いわば若者参加のノウハウも紹介している。
第3章は、若者政策の思想である。若者政策を提案・リードした穂積亮次新城市長との対談を通して、若者政策の理念、立案をめぐる諸論点、若者政策の評価と今後の展開を考えたものである。

詳細については本文に述べられるが、新城市において、こうした取り組みができたのは、二つの要素があったからである。

一つは、それぞれのフィールドで、その力を発揮する市民、地域、企業の存在である。どんなに優れた政策も市民的な共感なくしては、成功しない。私も新城市との長い付き合いの中で、地域のために頑張っている何人もの人たちの顔が浮かぶが、こうした人たちの支えがあってこそ、新城市で若者政策が花開いたといえる。

もう一つが、市長をはじめとする新城市役所の本気度である。若者政策は、首長のリーダーシップがなければ進まない政策であるが、自治に対する揺るぎない理念と、その理念を着実に具体化する穂積市長の手腕がなければ、新城市における若者政策は始まらなかったであろう。同時に、地方自治は、市長だけがいくら旗を振っても進むものではなく、日々の業務の中で、住みよいまちをつくるために奮闘する職員集団の熱意と努力があってこそ前に進めることができる。市長と職員が呼応して取り組んだということも新城市の若者政策の特徴である。

若者政策は、新しい自治を切り開く政策であるが、パターンは一つではない。地域の実情や資源はそれぞれで、あるべき自治の姿も微妙に違い、この違いに応じたいく通りもの若者政策がある。分権・協働の時代とは、その地域にふさわしい、新たな仕組みを開発するために、知恵を出し合い、実践することでもあるから、本書を一つの手がかりに、あちこちの自治の現場で、個性豊かな若者政策が展開されることを期待したい。

二〇一七年一月

松下 啓一

自治体若者政策・愛知県新城市の挑戦

――どのように若者を集め、その力を引き出したのか――

＊目　次

自治体若者政策・愛知県新城市の挑戦

――どのように若者を集め、その力を引き出したのか――

第1章

自治体若者政策とは何か

1　若者を考える視点

⑴ 若者参加でまちを元気にしたい!?

「若者の参加で、地域の活性化を図りたい」。人口減少や高齢化が急速に進み、他方、若者が地域のまちづくりに参加しなくなった現実の前で、多くの自治体は悩み、そして若者に期待する。

また、全国の自治体で地方版の総合戦略がつくられたが、その内容は、どこも、

- 地方における安定した雇用を創出する
- 地方への新しい人の流れをつくる
- 若い世代の結婚・出産・子育ての希望をかなえる
- 時代に合った地域をつくり、安心なくらしを守るとともに、地域と地域を連携する

の四本柱が基本目標である。ここでもカギを握るのは若者である。

⑵ 自治の基本から考えてみよう

この一、二年で若者が急速に注目されるようになった点は、率直に喜ばしいことであるが、同

時に、ある種の戸惑いも禁じえない。そこには、地域おこしやまちづくりのために、若者をうまく使おうといったご都合主義が見え隠れするからである。このような発想では、若者参加によるまちおこしは、うまくいかないし、自治体が本来取り組むべき若者政策ともずれてしまう。

その意味では、愛知県新城市で始まった自治体若者政策は、「自治と何であるのか」という市民自治の基本に対する問いかけ直しから始まったものであり、新城市を一つの起源として自治体若者政策が展開され、地方自治や日本の未来を大きく切り拓くことになっていく。

2　地方自治にとって若者とは

⑴ 総合計画では「若者」という言葉すら登場しない

地方創生のための総合戦略では注目された「若者」であるが、これまで自治体でつくられてきた総合計画には、若者についての記述はほとんどない。総合計画全体をキーワード検索してみるとよく分かるが、計画の中で「若者」という言葉もほとんど出てこない（総合計画で出てくるのは「青少年」である）。

二〇一四年度に発表された『政策形成実践研究報告書・若者の社会参加――持続可能な社会の

構築――』（神奈川県市町村振興協会市町村研修センター）によると、この研究の一環として、神奈川県下自治体にアンケート調査を行っているが、若者が自治体の政策決定過程に参加することを総合計画に記載している自治体は、一自治体のみであった。

また、総合計画を制定する際に設置する審議会委員に若者がまったくいない自治体は、回答があった二七自治体中一八自治体に上り、審議会委員の平均年齢は、一番低い自治体でも五〇歳、一番高い自治体は七〇・八歳であった。

⑵これまでの自治体政策から見た若者

これまで自治体が政策対象としていた若者は、主に中学生までである。保護の対象という捉え方で、教育、保健医療、福祉、文化、健全育成など幅広い政策分野に及んでいる。

ところが、高校生以上になると一般の大人と同じ扱いになり、高校生・大学生に特化した政策は、健全育成や文化、スポーツに限られ、まちづくり参加、社会参加に関する政策はほとんどない。

これは自治体の仕事とは何かという問題と密接に関連している。自治体の仕事は、究極的には、困った人を助け、人々が安心して暮らしができるように、相互の助け合いや協力を後押しすることであるが（自治体予算の約四割は、高齢者・障がい者の福祉、生活保護に充てられている）、それゆえ、特に困難を抱えている一部の若者を除いて、多くの若者は、行政や社会の助力を必要とするほど困っていないと考えられ、自治体政策の俎上に載ってこなかった。

(3) 若者が自治体政策の俎上に

ところが、最近になって、若者をめぐる状況が変化した。

若者が大人になっていく過程には、①学生時代に社会生活、職業生活の基礎固めをし（自己形成）、②学校を卒業して仕事に就き、親から独立した生活基盤を築き（経済的自立）、③社会のメンバーとして責任を果たし、社会に参画する（社会的自立）というプロセスがある。これを移行期というが、かつてはこの移行がスムーズに行われていたため、全体としては、いわゆる若者問題は起きてこなかった。

ところが、一九九〇年代以降になって、移行期間が長期化し、また移行パターンが個人化・多様化してきた。とりわけ経済環境の悪化は、若者の大人への移行を困難にして、引きこもりやフリーター、ニートとなる若者も目立つようになった。

こうした若者問題の解決を若者個人の責任と対応に委ねるのは十分でないことから、若者政策が自治体の政策課題として組上に上ってきたのである。若者のまちづくり参加、社会参加についても、これを正面から捉えて、政策として体系化をする必要が生まれてきた。

(4) 公共主体としての若者

人口減少、少子高齢社会を迎える時、次の時代の担い手である若者を無視しては、自治やまちが継続しないのは明らかである。それまで出番の少なかった若者を公共の担い手であることをきちんと位置づけ、若者の出番と居場所をつくる政策は、避けては通れない。まちづくりや政策決定の場面で、若者の主体的参加の道を切り拓いていくことは急務である。

3　自治体若者政策の内容

(1) 自治体若者政策とは

自治体若者政策とは、若者の自立を進め、「大人」への移行をスムーズに行うための社会的システム（仕組み、手法等）を構築するものである。

したがって、若者政策は、若者の自己形成、経済的自立、社会的自立の全体に及ぶ。本書で取り上げる新城市の若者政策は、このうちの若者の社会的自立（社会参加）に焦点を当てたものである。三者の関係であるが、通常は自己形成‐経済的自立‐社会的自立という段階を経るが、社会的自立が自己形成に影響を与え、また経済的自立が自己形成に影響を及ぼすなど、相互に影響し合う関係でもある。

(2) 自治体若者政策を考える視点

日本よりも早い段階で若者問題が顕在化したヨーロッパでは、若者に関するさまざまな取り組みが行われている。ＥＵの国家の中でも、とりわけ先進的な取り組みを行っているのがスウェーデンである。

静岡県立大学の津富宏教授の『若者と若者政策――スウェーデンの視点』（試訳http://www8.cao.go.jp/youth/suisin/hyouka/part2/k_6/pdf/tsuika2.pdf）によれば、スウェーデンの若者政策については、次の四つの視点で考えられている。

第一は、資源という視点（The resource perspective）である。若者には、若者の持つ知識や経験、行動力があり、それは資源であるという発想である。

第二は、権利という視点（The rights perspective）である。若者には、良質な生活条件を享受する権利（自分自身の生活、自分の住む地域の環境、社会全般の発展に関与し、影響を与える権利）があるというものである。

第三は、自立という視点（The independence perspective）である。公的な取り組みは、若者が自立するための機会を支援しなければならないというものである。

第四は、多様性という視点（The diversity perspective）である。若いというだけの理由で、すべての若者が同じというわけではないからである。

(3) 自治体若者政策の内容

自治体若者政策の主な内容は、次の通りである。

① 自治体若者政策は、若者の自立を阻害している社会の構造に挑むものである。今日の若者問題は、若者自身や家族の意識・努力だけでは解決できる問題ではないので、若者や家族の努力や活動を後押しし、それを意味のあるものとする社会的仕組みや手法が必要である

② 自治体若者政策は、若者問題が持つ問題意識を社会全体で共有するものである。若者問題を一部のこと、若者だけのこととせずに、大人も含む社会全体の問題であることを認識するとともに、この問題を放置すると、私たちの社会や国の存立そのものを揺るがすことになる

という意識を共有するものである。それは、大人にも、発想の見直しや行動の転換を求めるものとなる。

③　自治体若者政策の実施にあたっては、国と自治体は適切な役割分担をしながら若者の自立を進める施策を積み重ねることになる。国の役割は、全体的な制度づくりや自治体の取り組みを後押しするものであるのに対して、自治体は、地方自治とは何かという基本を踏まえつつ、地域の資源を活用し、地域ならではの若者政策を展開することになる。ちなみに、地方自治の基本原理は、助け合いや信頼といった協働性である。地方自治は民主主義の学校といわれるが、他者への思い、価値の相対性を基本要素とする民主主義の揺籃機能を持っている。

④　自治体若者政策は、社会参加や就業支援のほか、教育、住宅、子育て、福祉等さまざまな分野に関係する。教育機会の確保、充実は、若者の社会参加に連動するなど、これらは相互の連関している。縦割り的対応では対処できず、総合的、連携的な取り組みが必要になる。

⑤　自治体若者政策の担い手は、自治体のほか、地域コミュニティ、ＮＰＯ、企業等も担い手と、その持てる力を存分に発揮することが求められる。新しい公共論を適用するのにふさわしい分野である。

4　地域と若者

(1) 地域の意義・機能と今日的課題

地域の意義・機能は、大別すると次の二つに整理できる。

第一は、住民福祉機能である。交通安全、防犯・非行防止、青少年育成、防火・防災、消費者・資源回収、福祉、環境・美化、清掃・衛生、生活改善等といった地域の住民の暮らしを守る機能である。

第二は、親睦機能である。地域の人々の交流と親睦の促進に関する活動で、祭礼・盆踊り、運動会、文化祭等がある。第一の機能を十分に果たすには、相互の理解、共感が必要だからである。

ところが、近年、地域が持つこれら機能が弱体化してきた。自治会・町内会の組織率が低迷し、地域の活動を担う人材が不足しているからである。それが地域活性化を阻害する要因になっている。

(2) 地域にとっての若者

地域活性化の決め手は、「若者、バカ者、よそ者」といわれている。例えば、地域に若い人が大勢いれば賑やかで、それだけで周囲の人たちも活気づく。若者らしい発想に出会うと、例年通りの仕事をしてきた大人が、これまでの活動を省みる機会となる。停滞する地域活動に若者が参加すれば、地域の活性化になるが、当の若者はどのように感じているか。二〇〇一年社会生活基本調査によると、日本全体で、一年間に何らかのボランティア活動を行った人は約三二六三万人で、一九九六年と比較すると、行動者数は約四四三万人の増加、行動者率は三・六ポイントの上昇となっている。経済環境、社会環境の悪化で、若者も社会を見つめ直す機会も増えている。長期的には若者の地域への関心や参加意向は向上していくだろう。

(3) 若者にとっての地域

かつては、地域が若者の移行を助けてきた。しかし、地域コミュニティの衰退等で、地域が若者を育てる機能も弱体化してしまった。

地域が若者の自己形成を支援する機能としては、

① 地域において日常生活能力の習得できる。地域は、あいさつをするといった基本的な生活

習慣を身につける場所である。地域で活動する中で、コミュニケーション能力の醸成にもなる。約束を守るといった規範意識等の育成にもなる。

② 地域には、環境学習、自然体験、集団宿泊体験、奉仕体験、スポーツ活動、芸術・伝統文化体験といったさまざまな体験活動や異世代間・地域間交流等の機会がある。こうした活動を通して、多様な価値観に触れることもできる。

また若者の社会参加支援機能としては、

① 社会の一員として自立し、権利と義務の行使により、社会に積極的に関わろうとする態度等を身につけことができる。社会形成・社会参加に関する教育（シティズンシップ教育）の機会となる。

② 地域における政策形成に参画することで、地域や社会のことを考える機会となる。若者が地域の中で、発言し、行動することは、社会のメンバーとして責任を果たすということである。若者が社会参画のプロセスを体験することで、民主主義を体験的に学ぶことができる。

⑷ 若者参加の仕組みの重要性

地域が若者の参加を期待し、他方、若者も地域活動へ参加する意欲を持っていても、それが簡単には実現しない背景として、①仕事や学校との調整、②活動に関する情報不足、③まちづくりに参加する際の心理的障壁等がある。

仕事や学校とまちづくり活動との調整では、若者が活動できるように環境を整備することが望まれる。企業に勤める若者については、勤務時間との兼ね合いをつけることがポイントになるが、ボランティア休暇や休職制度の導入、普及が急がれる。学生については、授業との折り合いをつける方策として、地域活動を授業に取り入れることなども本格的に実施していくべきだろう。

情報の不足については、さまざまな手段、技術を使って、地域活動に関する情報を提供することである。若者がアクセスしやすい情報ツールも開発すべきだろう。また地域活動を希望している人に対して情報提供・相談を行う窓口の整備も重要である。

また、受け入れる地域や参加する若者双方が、心がけるべきこともある。ボランティア性が強い活動ゆえ、若者が参加し、活動を継続できるようにするには、双方が守るべきルールもある。それを記述して、共有化することが必要だろう。

5　若者政策は自治体を変える

自治体若者政策の展開は、地方自治のあり方を変えていく。

⑴監視の地方自治から励ます地方自治へ

地方自治制度は、行政や議会・議員を民主的に統制するという観点から組み立てられている。監視の地方自治である。

たしかに、自治体政府も権力的な存在であることから、自治体を市民の政府とし、市民の意思に従って、自治体が行動することを求めるとともに、自治体の専横から市民の権利・自由を守るために、監視の地方自治という考え方は重要である。しかし、現実には、それが反転して、行政への要求や依存に変化してしまっている。住民自治の仕組みが、その通りに機能せずに、お役所依存主義、お任せ民主主義が蔓延するようになった。

これに対して、もう一つ大事なのは、励ます地方自治である。これは、これまで役所任せであった市民（地域団体や企業等も含む）が、公共の担い手として、その持てる力を存分に発揮できるよう、自治体が支援し、後押しする自治である。市民の持てるパワーを大きな力に変えて、次世代に続く持続可能な社会をつくっていくという考え方である。

(2)若者政策は自治体を変える

監視の地方自治から、行政をチェックし、助言、指導、勧告、命令、行政代執行という強制的手法では、若者問題の解決はおぼつかない。公共の担い手としての若者、地域、ＮＰＯなどが持つ潜在力・内発力を引き出し、それを励まし、後押しする地方自治が必要になる。若者政策を総合計画等できちんと位置づけ、若者の自立を促進するためのルールや仕組みづくりに取り組むことで、自治体は大きく変わっていく。若者政策は、自治体のあり方や行動を大きく変える契機になっていくだろう。

第2章

若者が活躍できるまちへ

――新城市の取り組み

I　新城市の若者政策（全体像）

新城市の若者政策は、若者が活躍できるための諸政策を「若者総合政策（方針編・プラン編）」としてまとめ実施する一方、若者で構成される組織「若者議会」が事業の企画・提案を行い、市の担当課がそれを実施し、それらを市民で構成する組織「市民自治会議」が助言・チェックするという体系になっている。

1　若者総合政策

若者が活躍できるまちを実現するための政策集が、若者総合政策である。二〇一四年度の一年をかけて若者政策ワーキングと市民自治会議でまとめたものを市長に答申し、市の若者政策の基本構想として定め、二〇一五年度からスタートしている。

若者総合政策は、若者が活躍できるまちとなるための政策集であり、四つのテーマから成り立っている。

若者総合政策四つのテーマ

1　好きなことにアツくなれるまち

2　ホッ♡ちょっとひといきできるまち

3　夢が実現するまち

4　あっ、こんなところに素敵な出会い

を掲げ、最終目標である若者が活躍し、「市民全員が元気に住み続けられ、世代のリレーができるまちづくり」（新城市自治基本条例の前文）を実現するものとして定めた。例えば、勤労青少年ホーム軽運動場のリノベーション、盆ダンス、若者ＩＴ講習、若者チャレンジ補助制度、若者合宿補助制度などである。

2　若者議会

若者条例第一〇条において、市長は、「若者総合政策の策定及び実施に関する事項を調査審議させるため、新城市若者議会を設置する」と謳われている。若者議会は、市内に在住、在勤または在学するおおむね一六歳から二九歳までの若者二〇名で構成する市長の附属機関であり、若者政策に関する具体的な事業を市長に答申する。若者議会からは、次ページ表のような提案が行われている。

第1期，第2期若者議会の提案した事業と予算額（千円）

第１期若者議会（9,977）	第２期若者議会（9,552）
ふるさと情報館リノベーション事業（4,169）	図書館リノベーション事業（4,949）
情報共有スペース設立事業（2,880）	ハッピーコミュニティ応援事業（1,320）
新城市若者議会特化型ＰＲ事業（1,500）	新城市若者議会ＰＲ事業（1,293）
いきいき健康づくり事業（753）	しんしろ魅力創出事業（1,366）
お喋りチケット事業（426）	いきいき健康づくり事業（41）
若者防災意識向上事業（249）	お喋りチケット事業（426）
	若者防災意識向上事業（157）

3　市民自治会議

市民自治会議は、新城市自治基本条例の実効性を担保する組織である。さらに、若者条例第一六条では、「市長は、若者総合政策その他若者が活躍するまちの形成の推進に関する事項について、市民自治会議に諮問することができる」と規定されていて、若者政策を推進する役割も担っている。有識者、行政区長の代表、地域協議会会長の代表、公募市民一五名から構成されている。

年五回程度開催する市民自治会議の中で、自治基本条例のチェックと同時に、若者総合政策と若者議会の活動報告を受け、若者総合政策が着実に実行されているか、課題はどこにあるかをチェックし、アドバイスすることが役割である。

Ⅱ　若者の声を探し、仕組みを模索

1　立ち上がる若者がいた

●ニューキャッスルアライアンス（世界の中で自分のまちを考える機会があった）

二〇一二年七月、新城の若者である竹下修平らは、イギリスのニューカッスル・アポン・タイン市で開催された第八回世界新城アライアンス会議へ参加した。振り返ってみるとそれがすべての始まりであった。後に竹下は第一期若者議会の議長となる。

新城市では一九九八年から、世界中の新しい城（＝Newcastle）という意味を持つ都市との交流をしている。少子高齢化や若者の流出、働く場の確保といった共通する課題について、互いの発展につながるように意見交換するとともに、友好関係を深める、その交流の場が世界新城アライアンス会議である。

二〇一二年から、この会議の若者の部に新城市も参加することとなり、大学生・社会人を含めた若者四人で初めて参加した。

参加者は、当初、簡単な交流会が行われるのだろうと想像していたが、実際に参加してみると、新城市の若者にとっては驚きの連続だった。同年代の若者たちが、自分のまちについて真剣に考え、語り合う姿に圧倒された。彼らに比べて、自分たちは、自分の住むまちのことを深く考えたこともなければ、自分のまちを紹介することもままならない……そんな自分たちに失望するとともに、大きな悔しさを感じたのだった。

●新城ユースの会誕生

悔しさを胸に新城市に戻ってきた若者たちは、大いに語った。彼の地で何を感じたか、どこが自分たちと彼らとで違ったのか、これからどうしたいか、どうなりたいか……語り合う中で、四人の若者たちは自然と同じ答えにたどり着いた。「新城市にもユースの会をつくろう」。

アライアンス会議に参加する多くの国には、若者議会なるものが存在し、若者が集まり自分たちのまちについて考え、なすべきことを行動に移していくということが日常的に行われている。「なければつくればいい」というシンプルなロジックのもとに、若者たち四人は、二〇一二年一〇月に新城ユースの会を設立した。

●市民まちづくり集会の企画運営

ユースの会を立ち上げ、自分たちのまちを知る活動、あるいは知ってもらう活動に挑戦する中で、第一回市民まちづくり集会実行委員募集の知らせが耳に入ってきた。二〇一三年四月のことである。

市民まちづくり集会とは、新城市自治基本条例によって新設された制度で、その一五条に「市長又は議会は、まちづくりの担い手である市民、議会及び行政が、ともに力を合わせてより良い地域を創造していくことを目指して、意見を交換し情報及び意識の共有を図るため、三者が一堂に会する市民まちづくり集会を開催します」と規定されている。市民まちづくり集会の目的が、「自分のまちについて考えよう、語り合おう」といった新城ユースの会の設立理由とも合致することから、その企画・運営に携わろうと考えた。

この時の市民まちづくり集会は、二部で構成されていて、ユースの会の若者たちは、第二部「新城の未来を語る」の企画・運営を任せられることになった。若い人が、条例設置に基づく催し物を企画・運営することは、非常に珍しかったことから、市内においてもさまざまな反響があった。

2　呼応して動き出す行政

●市長のイニシアティブ・市長マニフェスト

この若者の活躍が市長をも動かすことになる。二〇一三年一一月の市長選挙において、穂積亮次新城市長の第三期マニフェストで若者政策が打ち出された。

マニフェストには、「若者政策市民会議（仮称）を創設し、若者が活躍するまちをめざす総合的政策を策定します。教育、就労、定住、家庭、スポーツ・文化、そして市政参加など若者をとりまく問題を市民全体で考え、若者の力を活かすまちづくり施策を練り上げます」と書かれている。

マニフェストに若者政策を打ち出すきっかけは、二つの要因があると穂積市長は語る。

「ひとつは、今の日本の社会は若者に温かい社会ではない。若者がみずから声を上げて、政治に参加したり投票に行ったり、まちづくりに参加したりする、その力がないとこの状態は変えることができない」。

そして、「もう一つの大きなきっかけは、ニューキャッスルアライアンスに参加した若者達は、自分の住んでいる地域のことについて知らない、ものを言えなかった。その自分を主張できない悔しさを持って帰り、ユースの会を立ち上げた。そしてその若者達が、二〇一三年度の第一回市民まちづくり集会第二部を運営してくれた。その際に感じた大きなパワーをいかにして新城のまちづくりに活かせるのか、そしてそれをみんなで応援する仕組みができるのか、そこが非常に大きなポイントだと感じた」。

それまでの新城市には、若者の意思を政策に反映させる仕組みが欠落していた。人口減少に悩む時代を迎え、若者や子育て世代の意思が政治や行政に十分反映されない現状に風穴を開けたいという市長の思いと、ユースの会を立ち上げ、自分たちのまちを知る活動、あるいは知ってもらう活動に挑戦する若者の思いが合致したともいえる。

●若者政策係の設置

では、どうすれば若者の意思や意見が伝わる機会を確保し、さまざまな場面でそれを反映する仕組みをつくることができるのか。新しい政策分野であること、試行錯誤で進める必要があることが予想されるため、専属の係を設置することになった。二〇一四年四月より若者政策係が企画部市民自治推進課内に置かれ係長（兼務）と主事が配属された。全国初の係だと思われる。

若者政策係の仕事は、外にあっては若者を集め、若者たちが議論する場を設け、若者たちの意見をまとめること、庁内にあっては、若者の意見が各政策に反映するように関係部署と調整することである。別の面からいえば、関係部署に協力してもらい組織に横グシを通すマトリックス組織の性質も併せ持つ。こうした困難な仕事を行うには、専属の係は必要不可欠である。

●若者が市長マニフェストをアレンジする

自治基本条例は、「老若男女みんなが当事者となってまちづくりをすすめる」ことを謳っている。市民自治会議は、その自治基本条例の運用をチェックし、推進する組織としてつくられたが、ここに若者枠五名を加え、新たに追加し募集することにした。これによって、市民自治会議は、一〇代から七〇代までの委員で構成されることになり、さまざまな世代で議論する土台が整った。

市長マニフェストには、「若者政策市民会議(仮称)を創設」するとあったが、結果的に、市長マニフェストをアレンジした形となった。

マニフェストを変更してしまった事例も出た。マニフェストには「若者が活躍するまちをめざす総合的政策を策定します」とあるが、若者議会について一言も触れていない。若者議会の設置が、若者から提案され、市民自治会議で議論されて、市長に答申され、その後、市議会で若者議会条例が可決された。これはマニフェストになかった内容である。

3 若者の集め方

若者参加といっても、実際、若者を集めることは簡単なことではない。では、若者政策係は、どうやって多くの若者を集めたのか。準備段階である若者政策ワーキング（二〇一四年）と若者議会（二〇一五年〜）のそれぞれについて紹介しよう。

●一本釣り

二〇一四年度に活動した若者政策ワーキングのメンバーは、市のホームページや広報誌、チラシなどで公募した。しかし、ただでさえ市政に関心のある市民を見つけるのにも苦労するのに、若者ではなおさら難しいことは明らかである。そこで、ユースの会や地元の高校に出かけ、直接、若者に会って、若者政策にかける思いと趣旨を伝えた。これは要するに一本釣りである。その結果、高校生二名、ユースの会八名の計一〇名のワーキングメンバーが集まった。役所で待っているのではなく、職員自ら出向きお願いすることで、若者たちが集まったといえる。

●若者to若者

こうして集まった若者たちによる若者政策ワーキングは、一年間の活動の総仕上げとして二〇一五年三月に、若者政策キックオフシンポジウムを開催した。二〇一五年度から始まる若者総合政策と若者議会を当時流行っていたお笑い芸人を真似して紹介するとともに、新城を良くするための四つの提案を行い、来場者に携帯電話で投票してもらうなど、若者政策に対する市民の関心を高めた。

若者政策キックオフシンポジウム
（二〇一六年三月一五日開催）

このプレゼンには、各方面から好意的な反響があった。特に顕著だったのは、彼らと同世代の若者の声だった。「カッコよかった。僕も同じようにあの場に立ちたい」、「私もあの先輩みたいになりたい」。そんな思いを持った若者たちが、若者議会一期生として活動することにつながった。

これは若者を動かすのは若者ということでもある。例えば部活動で活躍している先輩の背中を見て後輩が育っていくように、若者の気持ちを喚起し新たな行動を誘発させる最も有効な手段は、同世代の若者自身が行動して、活躍を見せることで、その思いや魅力が、他の若者に伝播していく。

●ダンスチーム ENDLESS との出会い

若者政策キックオフシンポジウムのポスターは、若者政策ワーキングのメンバーがデザインした斬新なものだった。このポスターを市内の主な施設に掲示しPRしている時、杉本里帆が市役所の事務室を訪ねてきた。

「このポスター気になったんスけど。僕らもダンスでまちを盛り上げようって思ってんスよ」。こんな感じで、遠慮がちに顔を覗かせた。これが地元のダンスチームENDLESSとの出会いである。これ以降、若者政策ワーキングの話し合いに度々参加したりしてくれ、若者総合政策の盆ダンスが誕生した。そして、キックオフシンポジウムでは、エンディングをダンスで盛り上げ締めくくってくれた。若者のデザインが若者を引きつけた出来事であった。

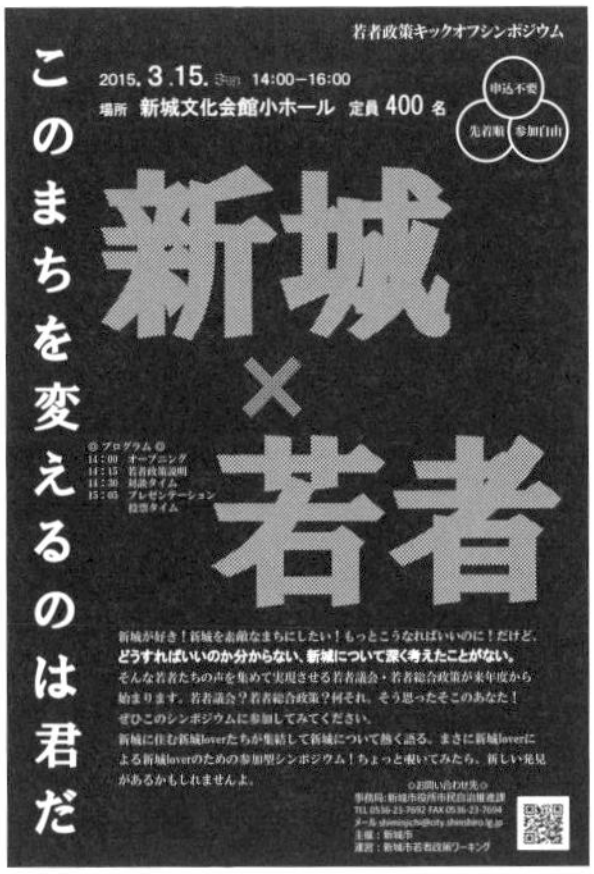

若者政策キックオフシンポジウムポスター

●普通の若者の出番

第一期若者議会スタートに向けて、二〇一五年四月より約一カ月間、第一期若者議会委員を募集した。定員は二〇名である。前年度の一年間、若者政策を進めてきて、PRも行ってきたことから、今回は一本釣り方式は採らず、真正面から臨むことにした。これまでの取り組みの成果も測りたいとも考えたからである。

一〇名程度の応募しかないのではないかという厳しい予想もしたが、実際にふたを開けてみれば、二〇名の定員のところ二四名の若者からの応募があった。周知方法も大いに工夫したが、何よりも、新城のことが好きで地元を何とかしたい若者が意外と多いという嬉しい誤算であった。

若者に手を挙げてもらうために、さまざまなPR手段を駆使した。市広報、ホームページ、SNS等での情報発信はもちろんのこと、ポスターやチラシを作成し、市内各所に掲示し配布した。地元の高校や専門学校にも出かけ、時には生徒たちの前で思いを伝えた。市内の主な企業にも出掛けPRを行った。ほかにも、地元のJR飯田線に中吊り広告も出した。

●無作為抽出方式で若者募集

住民基本台帳から無作為抽出を行い、抽出された若者に直接、参加を依頼した。この方式は、ドイツのプラーヌンクスツェレという方式を応用したもので、新たな市民参加の手法である。

この無作為抽出方式は、普段、まちづくりに関心のない市民に対する有効なアプローチ方法であるため、新城市では、市民まちづくり集会においても実施している。二〇〇〇名の市民を住民基本台帳から抽出し、開催案内を郵送して、参加を促している。その効果として、「はじめて参加したけど、いろいろな人と話すことができて市政に関心が湧いた」との感想が寄せられている。

その方式を応用して、年齢制限（四月一日基準一六歳～二九歳）をかけて、無作為に約五〇〇名を抽出し、本人宛てに通知を送付した。若者議会の委員募集では、第一期・第二期とも、この無作為抽出方式を採用している。その結果、第一期では一〇名、第二期では六名が、この呼びかけに応じ参加してくれた。やってみようかなと思う若者に、もう一押しする仕組みである。郵送の際には、チラシと応募用紙を同封するので、委員として参加してくれなくても、若者政策や若者議会のPRになる。

第一期若者議会メンバー募集チラシ

●周知のコツ「楽しく・成長・具体的」

参加してくれる若者を集めるため、若者の目に触れるようなPRは思いつく限りやった。今回は応募してくれなくても、若者議会がスタートすることだけでも知ってもらいたいという一心で広報活動に力を入れた。

その中で、体得したコツのようなものがある。ポイントは、ただ若者に情報を届けるだけでなく、若者の心に響くアプローチができるかである。工夫したのは、次の三点である。

①　堅苦しさを感じさせないことである。派手なピンクのポスターをつくり、目を引くようなものを掲出した。堅苦しさなどの行政色が少しでも出てしまうと興味を引いてもらえない。「楽しく」を心がけた。

②　自己変革欲求に訴えかけることである。若者は少なからず、自分を変えたい、成長したいという思いを持っている。若者議会が自己成長のツールになること、ほかでは体験できない貴重な機会であることを強調した。

③　具体的な内容を示すことである。自分が委員の一人として活動する具体的な内容を示すことが重要である。年間スケジュールを先に示しておくことで、活動内容がイメージしやすく、「できるかもしれない」「やってみよう」という気持ちを抱きやすくする。

4　若者による提案

●若者政策ワーキングの設置

市長は、二〇一四年六月に市民自治会議に対して、新城市の若者政策の推進方策等について諮問した。期限は二〇一五年三月までである。同時にその作業チームとして、若者自ら考えて提案してもらいたいという趣旨から、若者政策ワーキングを設置した。このチームが検討した政策案を市民自治会議に提案し意見をもらうことになる。両者はキャッチボールをしながら政策をまとめる関係である。若者政策ワーキングの対象年齢は、高校生から三九歳までとした。メンバーは、公募市民一〇名・若手市職員五名・地域おこし協力隊四名の計一九名となる。公募は、先に述べたようにユースの会所属八名、高校生二名である。

市役所の若手職員が加わることとなったのは、市議会において議員から、若者は職員の中にもいるから一緒に考えたらどうかとの提案からである。庁内の若手職員で検討するメンバーを募り、防災安全課、税務課、企画課、こども未来課、用地開発課が協力してくれることになった。

市外から地域協力をするために新城に来てくれた地域おこし協力隊は、第二回のワーキングで一緒に意見交換をしてから参加してくれるようになった。農業振興分野二名、観光・スポーツ分野一名、環境分野一名である。

若手職員や地域おこし協力隊が参加する体制は、専門知識や広い視点からのアドバイスなどを受けることができ、現在のメンター制度の萌芽となった。

●若者政策ワーキングでやったこと

ワークショップを進めていく中で、若者たちは、新城のことを実はあまりよく知らないとい

若者政策ワーキングが廻った「新城を知る3つのルート」

A　**観光・自然ルート**（案内：観光課）　乳岩峡，湯谷温泉，鳳来寺山
B　**歴史・文化ルート**（案内：文化課）　馬防柵，設楽原歴史資料館，長篠城跡，長篠城址史跡保存館，中央構造線長篠露頭，阿寺の七滝，四谷の千枚田
C　**公共施設ルート**（案内：生涯学習課）　ふるさと情報館（図書館），桜淵公園ゾーン（旧市民プール，青年の家，テニスコート，旧レストハウス），鬼久保広場・Ｂ＆Ｇ海洋センター，つくで手作り村，亀山城跡，古宮城跡，新城まちなみ情報センター，勤労青少年ホーム

うことが判明する。そこで、新城を知るために、三つのルートを設定し市内の地域資源を体感することにした。観光・自然ルート、歴史・文化ルート、公共施設ルートである。関係する部署の職員が同行して説明した。

　現場を見たメンバーは、ハザードマップ的な視点で若者にとって優しくない場所所や改善すべき方法などを議論する一方、今まで知らなかった魅力的な場所、歴史・文化などを知ることができた。

　また、若者の力を活かした取り組みをしている先進地へも出かけた。福井県鯖江市では、二泊三日で開催する「地域活性化プランコンテスト」の発表会と懇親会に参加し、若者が政策を検討・提案するための工夫、市外からの参加者である若者をまち全体で受け入れ盛り上げる仕組みを学んだ。同時に鯖江市ＪＫ課では、高校生が自主的にまちづくりに参加するきっかけづくりを教えてもらった。長野県

小布施町では、「小布施若者会議」にエントリーして参加したメンバー二名、運営スタッフとして三名をはじめ、多くのメンバーが、小布施の魅力的なまちと洗練されたプログラムを体験・見学してきた。

二〇一四年六月には、市民自治会議からもっと市の現状を知った方がいいとのアドバイスを受け、市民病院へ出かけ医療現場の状況と課題を学んだ。また、穂の香看護専門学校の若者とワークショップを行い、他の若者の意見を聞く重要性に気づいた。

八月には、一日かけて政策案をまとめた。その際、新城青年会議所のメンバーと話し合い、誰がやることなのかを明確にすべきというまちづくりの基本を教えてもらった。

一〇月に行われた「若者が住みたいまち」をテーマに開催した第二回市民まちづくり集会では、検討途中の若者総合政策を発表し、さまざまな世代の方々と話し合った。

これらの活動状況をその都度、市民自治会議へ報告し、助言を受け反映するよう努めた。

●若者総合政策の提案

一年間にわたる自らの活動を通して、若者が活躍するまちの実現の第一歩に向けて二つの提案が生まれた。

一つは、若者総合政策である。若者の視点でまちをもっと良くしようという施策をまとめたも

新城市若者総合政策のメニュー

1　好きなことにアツくなれるまち
　(1)　楽しい図書館のつくり方
　(2)　勤労青少年ホームに若者を取り戻す
　(3)　桜淵公園にフットサルコートを作ろう
　(4)　鬼久保広場に若者が集結
2　ホッ♡ちょっとひといきできるまち
　(1)　ひといきルートの提案
　(2)　メーカー・企業のイベントやオフ会を誘致
　(3)　CM作成
3　夢が実現するまち
　(1)　W・C（Wakamono Creation）
　(2)　新城おこしプランコンテスト
　(3)　チャレンジショップ
　(4)　ITチャレンジ講習
　(5)　チャレンジ補助金
　(6)　軽トラ市でバスケットボール3on3
4　あっ，こんなところに素敵な出会い
　(1)　縁結びストリート
　(2)　スポーツ×出会い
　(3)　素敵な出会いと思い出づくり
　(4)　盆ダンシング～若者×地域～

のである。若者総合政策には、方針編とプラン編がある。方針編には、上のような若者総合政策四つのテーマが掲げられ、具体的な事業をプラン編で提案している。

これらは、最終目標である「若者が活躍し、市民全員が元気に住み続けられ、世代のリレーができるまちづくり」を実現するものとして定めた。

●若者会議ではなく若者議会

もう一つの提案は、若者

議会を設置し、若者の思いや意見をカタチにすることである。

ヨーロッパの主要な国では、一六歳から二五歳までの若者が選挙で選ばれ構成されるユース議会があり、そこでは、若者が市政に参加することができ、若者の声を重視する風潮がある。新城市にも、若者が市政に参加でき、若者の意見が反映される仕組みがあればいいではないか。ヨーロッパの仕組みをそのまま真似するのではなく、未来の新城の若者のためにも新城独自の仕組みをつくっていきたい、新城市らしい若者議会をつくっていこうではないかという思いのもとに、ワーキングでさまざまな議論が交わされていった。こうした中で、若者の声を実現する仕組みとしての若者議会の構想がまとめ上げられていった。

簡単にいうと、若者会議は、若者がまちづくりについて話し合い提案するものであるのに対し、若者議会は、提案されたものが予算を伴って実現する仕組みである。

●そして条例へ（若者条例・若者議会条例）

若者総合政策や若者議会は条例という形式を取ることにした。これは、たとえ市長が変わったとしても若者総合政策や若者議会が継続していく仕組みを構築するためには、条例がふさわしいと考えたからである。

そこで、二〇一四年八月の第六回市民自治会議では、①若者が意見をいえる場として若者議会が必要、②若者議会の提案に対し市の予算をつけてほしい、③実効性を担保するため条例をつくってほしい旨を報告した。

一一月の第七回市民自治会議では、条例名と条文案を検討した。ワーキングで出された条例名としては、若者条例のほか、「若者政策推進条例」「若者革命条例」「若者によるみんなのための条例」「若いもんの意見かね、ほいじゃあちょっとやってみりん条例」などがある。

その後、市長へ答申し、パブリックコメントを経て、一二月定例議会に上程し議決された。

5　若者力の引き出し方

●楽しく厳しく

若者による会議を運営する上で、とりわけ次の三つのことを心がけた。

第一は、会議において「楽しさ」を感じてもらえるように意識した点である。ワークショップの際にお菓子やジュースを用意し、アイスブレイクにより楽しく会議を進行した。楽しさや満足感を感じてもらい、次も来てもいいかなと思ってもらえるように心がけた。

第二は、「アウトプットの機会」を多く設けたことである。会議の際にみんなの前で意見を発表してもらう（アウトプット）の機会を多く設け、なるべくたくさんの人が発言することで、若

若者政策ワーキング大臣制

① 統括大臣：リーダー
② 若者総合政策大臣：若者総合政策のまとめ
③ 若者議会大臣：若者議会のシステムやルールづくり
④ キックオフシンポジウム大臣：3月のキックオフシンポジウムの企画・運営
⑤ 成人式大臣：成人式の会場で若者議会のPR
⑥ 連携大臣：チーム間の連携

者一人ひとりの成長につなげた。

第三は、「当事者意識」を持つことである。個人の意見ではなく若者議会の意思として答申すること、政策を立案していく際、税金を扱うことを意識し、市民にとって必要な政策を若者議会の総意として合意形成することを重視した。

●火をつけた大臣制

あらゆることを考え実施した若者政策ワーキングであったが、現実は思い描いたように進展しなかった。しかし、若者が本気になったターニングポイントがあった。それは六つの担当大臣を決めるという「大臣制」を導入した時である。二〇一四年度に行う事業を、大臣を決めて行っていくということで、所信表明の記者発表を一一月に行った。

ある意味、担当を決めただけのことではあるが、パブリックな場で責任を持って発表するという行為を伴うことが、若者たちを本気にさせたのである。一定程度の責任を与えたことが、若者の潜在的な自覚を芽生えさせ、新たなモチベーションを生み出すことにつながった。

●自信をつけてくれるメディアの力・外部評価

この所信表明は、新聞各社でも取り上げてくれ記事となった。自分たちの発言・行動が新聞に載ることにより、さらに責任感と自信を持つこととなる。これは、その後の若者議会の活動でも同様であった。若者議会では、所信表明、中間発表、市長答申の年三回、地元のケーブルテレビにより放送することにしている。メディアに取り上げられることで、応援の声が届いたりしている。

ＮＨＫクローズアップ現代「政治に関心ありますか？～〝一八歳選挙権〟導入へ～」（二〇一五年一〇月二一日放送）でも若者議会が取り上げられた。これにより、市民からより一層応援の声をいただくこととなり、同時に新城市の取り組みが、市外の人たちにも広く認知されるようになった。

第一期若者議会の市外ＰＲチームがつくったキャッチフレーズが、「新城といえば若者議会。若者議会といえば新城。」であるが、若者の活動がメディアに取り上げられることで若者に自信を与え、併せて新城市そのものも知ってもらえることになっていく。

また二〇一六年には、第一一回マニフェスト大賞最優秀シチズンシップ推進賞を受賞すること

第一一回マニフェスト大賞最優秀シチズンシップ推進賞の授賞式

ができた。第二期若者議会の村松里恵議長は「受賞はうれしい。第一期生の活動が評価されたと思う。若者議会は継続していくため、第二期生の評価はこれから」というように、外部からの評価は、自分たちの活動についての自信を深める機会となるとともに、その後の活動の励みになっていく。

●若者に任せることができるか（行政の気構え）

第一回市民まちづくり集会（二〇一三年八月二五日開催）は、第一部は庁舎建設、第二部は新城の未来を語るをテーマに、新城文化会館小ホールで開催された。この企画運営は、公募の市民で構成される市民まちづくり集会実行委員会で、第二部の担当は、ユースの会の若者である。

文化会館小ホールは、座席が劇場型に配置されている構造になっている。このワークショップに不向きな会場

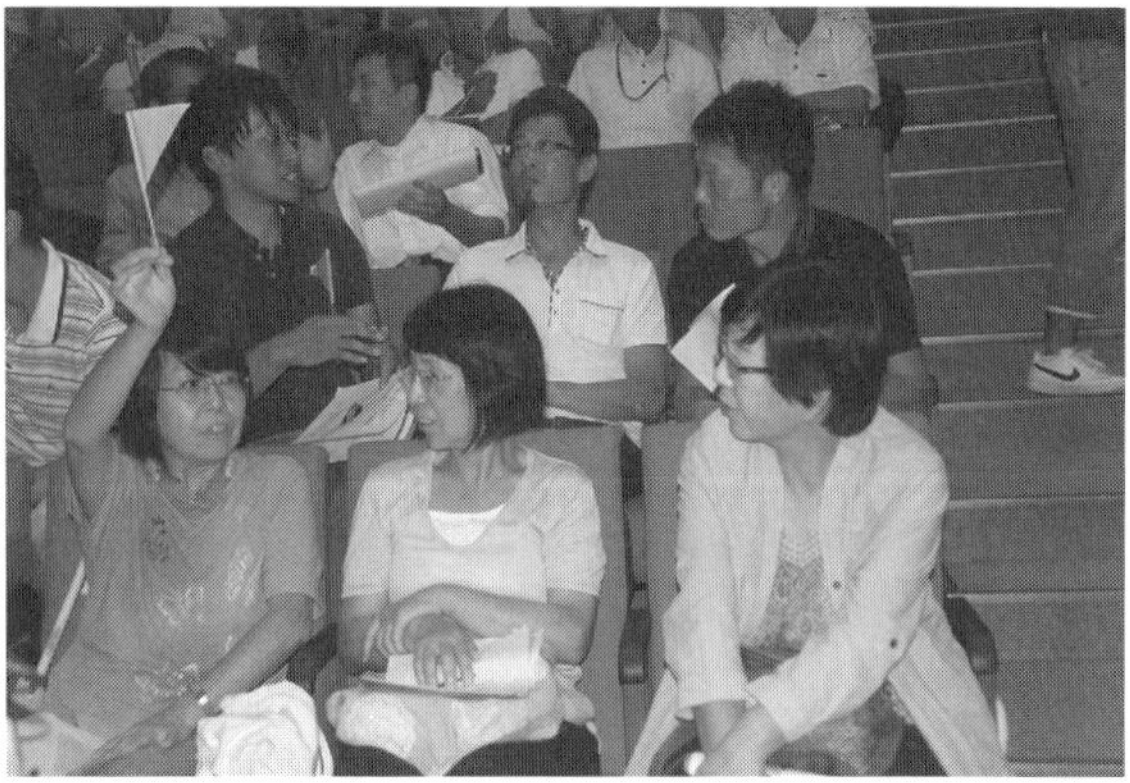

第一回市民まちづくり集会（二〇一三年八月二五日開催）**の様子**

で、ユースの会の若者たちは、次のようなワークショップを提案する。

①　横に座る来場者三人で「あなたにとって大切な人が新城に来たらどこに連れて行きますか」と話し合ってもらう。

②　スタッフが会場を回り、三人の会話に耳を傾け、スタッフのＬＩＮＥグループに打ち込む。

③　そのＬＩＮＥ画面をステージ上のスクリーンに映し出す。

④　司会者が、話し合われている内容を会場全体に紹介する。「今、桜淵公園が上がってきました。素敵な場所ですね。私も春になると必ず行きます」など応答し、来場者全員で情報を共有する。

通常、ホール会場での参加者同士のコミュニケーションは難しい上、それぞれが話し合ったことを会場全体で共有することはさらに難しい。ところが、若者たちは、携帯のアプリを使って会場が和やかで一体となった空間を演出した。

もう一つ事例を紹介する。若者政策キックオフシンポジウム（二〇一四年三月一五日開催）では、オープニングで当時流行っていたお笑いコンビのフレーズ「ラッスンゴレライ」のリズムに乗り、若者総合政策や若者議会の説明をした。また、若者総合政策のうち四つの事業を若者自らプレゼンを行い、来場者に携帯電話による投票をしてもらい即座に順位づけをした。これらも会場に驚きを与えた。いろいろな意見もあったが、「とても楽しかった」、「若者議会に入りたい」との感想が寄せられた。

若者がやりたい企画は、突拍子もなく結果が予測できない要素が含まれているためどうしても慎重になりがちであるが、任せた以上しっかりと最後まで見届け、行政が最終的に責任を取る気概を持つことが重要である。その信頼関係が若者政策の継続する基盤である。

Ⅲ　若者の声を実現させる「若者議会」

1　若者議会とは

●若者議会の意義・構成

若者議会とは、二〇一五年四月一日から施行した新城市若者条例・新城市若者議会条例に基づき設置された市長の附属機関である。若者二〇名で構成され、市の予算一〇〇〇万円を財源として、若者が活躍できるまちを実現するための政策を練り上げ市長に答申する。条例で位置づけられた若者議会は全国初で、新城に対するさまざまな意見・想いを持つ若者同士、新城について語り合いながら「若者が活躍でき、市民全員が元気に住み続けられ世代のリレーができるまち」について若者の視点で考える場となっている。

若者議会という組織を構成する要素（任期・年齢要件・報酬等）については、若者政策ワーキンググがまとめた原案を市民自治会議で議論し、二〇一四年一一月七日、市長に答申した。

若者議会の仕組み

若者議会		
	法的性質	市長の附属機関
	定数	20名
委　員		
	年齢要件	おおむね16歳から29歳までかつ市内に在住，在学または在勤する者
	任期	1年（ただし，再任は妨げない）
	報酬	3000円／回
	委員の地位	非常勤特別職公務員

例えば任期については、一年となっている。まちづくりという活動は一朝一夕でできるものではないということから、二年の任期の方がふさわしいという議論もあった。しかしながら、大学受験や就職活動など高校生や大学生にとっては、一年という短いスパンの任期でないと参加が難しい状況が生じてくるだろう。また、毎年新しい若者がまちづくりに関わってもらいたい、という思いがあって任期を一年と決めた。ただし再任は妨げない規定としているので継続することはできる。

年齢要件についても長い議論を要した。大学進学のため地元を離れてしまう前に新城について深く考えてもらいたいという理由もあり、下限は、高校生の年齢である一六歳からとした。中学生を含めないのは、すでにある中学生議会に参加できることが理由の一つである。また、上限については、三〇歳を迎えると参議院議員や知事に立候補できるなど、あらゆる被選挙権が付与されることから、それまでの年齢層の意見について若者議会を通してカバーできるように二九歳までとした。

報酬に関しては、市長の附属機関である以上委員報酬が発生するので、二〇一三年度から開始された新城市地域自治区制度の地域協議会委員の委員報酬を参考に、一回の若者議会に参加するごとに三〇〇〇円を支払うこととした。

●若者予算一〇〇〇万円

若者議会には、提案する事業の財源として一〇〇〇万円を見込んでいる。単に若者が議論し検討したことを表明するだけにとどまらず、次年度、具体的に実施することを見据えた事業を提案することを意味する。つまり、市の事業を若者が一〇〇〇万円の範囲で考え、提案する仕組みである。

しかし、二つの制約がある。一つ目、市の事業であるため、若者委員は市の事情を知らなければならない。二つ目、時間的な制約である。任期は一年であるが、予算を伴う事業提案であるため、市役所の予算要求期限である一〇月末までに事業内容を固めなければならない。五月から活動して実質六カ月で事業提案をしなければならない。

●縁の下の力持ち＝メンター職員・メンター市民

この二つの制約は、市職員が任命されるメンター職員が若者議会委員をサポートすることで乗り越える。若者議会で提案する事業は、法令上の問題や現実性、公平性、平等性、費用対効果など市の事業として進めうる範囲を超えないよう判断しなければならない。この検討を担当部署と検討しながら、メンター職員と若者委員とが若者予算をまとめ上げる。

また、二〇一四年から始まった若者政策ワーキングから第一期若者議会へ継続して若者政策が進められているが、どのような事情で政策が生まれたか、事業の詳細や目的を若者委員が理解できるようサポートする市民がメンター市民である。若者政策ワーキングや若者議会経験者が任命される。

2　若者議会の年間スケジュール

第一期若者議会を例に、若者議会の一年間の活動内容モデルを紹介しよう。

●準備期間（四月、五月）

四月の一カ月間は、委員募集である。広報誌、ポスター、チラシ、ＪＲ飯田線中吊り広告、無作為抽出した五〇〇名へ案内などを行う。第一期は二四名の応募があったため書類選考をした。定員をオーバーすることを想定していなかったため第二期の応募用紙は、第一期のものを改善し、書類選考できるよう志望動機欄を充実させ、日程調整の欄、取材対応可否の欄などを追加した。

若者議会のメンバー構成

第１期	
委　員	高校生10名，専門学校生1名，大学生4名，社会人5名
メンター	市民，職員

第２期	
委　員	高校生12名，大学生4名，社会人4名
市外委員	4名
メンター	市民，職員

五月になると、委員の二〇名が確定し（上記の表）、準備会において、オリエンテーションを行った。若者総合政策と若者議会の原案を考えた若者政策ワーキングのメンバーが説明し、若者議会に込めた想いを引き継ぎ、委員としての心構えを認識してもらった。

●所信表明から政策イロハ（六月、七月）

六月は、第一回若者議会を市議会議場で開催した。ここで委員全員が所信表明を行う。なぜ、若者議会に入ろうと思ったか、委員として、この一年どんな政策をつくっていきたいか、そして新城市をどういうまちにしていきたいかなど、委員二〇名の一人ひとりがその思いを発表した。市長はじめ多くの傍聴者がいる中で、若者議会の委員として、最初の関門になる。自らの思いを語るという若者議会委員としての初仕事ともいえる。

若者議会には議長・副議長が置かれるが、あらかじめ表明していた三名の立候補者から演説を聞き、委員全員による投票で第一期若者議会議長を決定した。ユースの会を立ち上げた竹下修平が初代議長となった。第二期議長は、高校一年生の村松理恵が無投票で選ばれた。

第二回・第三回の議会では、政策をつくっていく上でのスケジュールを共有した後、チーム編成について話し合った。その結果、委員それぞれ関心のある分野が異なるため、数人ずつのチームに分けて政策を練り上げることとなる。

政策テーマごとに、第一期では六チーム、第二期では四チームが編成された。そして、チームごとに役割分担を決め、欠席した人への情報伝達手段、答申までのスケジュールなどを検討した。全体会議とは別にチームごとに集まり議論を深める場として分科会を設置した（次ページ表）。

七月には、政策立案に関する一日強化合宿を開催した。委員にとっては、政策をつくることは未経験なので、政策についての基礎的な考え方を学ぶことは不可欠のことであった。

午前中は、政策を立案する上で必要な研修を行った。鹿児島県長島町の井上貴至副町長と新城・千郷自治振興事務所の田村太一所長を講師に迎え、そもそも政策とは何か、政策づくりの進め方など政策のイロハを学んだ。午後からは、何のために政策をつくるのか、また、誰のために政策をつくるのか、質が高く市民に受け入れられる政策とは何か等について市役所の担当職員とともに考えた。単にやりたいことを提案することが政策ではないことに気づく研修である。その意味で、若者議会は再びスタートラインに立つことになる。

若者議会のチームと政策

第1期	
チーム	政策
①市街PR	新城と若者会議PR
②市内PR	若者が集まる拠点づくり
③図書館	2階リノベーション
④防　災	防災意識向上イベント
⑤世代間交流	おしゃべりチケット事業
⑥医　療	バブルサッカー健康教室
第2期	
①PR	新城と若者会議PR
②まちなみ情報センター	若者が集まる拠点づくり
③図書館	1階リノベーション
④課題から政策	観光と教育のブランディング

●中間発表（八月）

チームが編成されてから二カ月経ち、さまざまな話し合いを経てチームごとに政策の方向性が固まってくる。当初の提案通りのチームもあれば、市民病院に産婦人科をつくることを目標としていた医療チームのように大きな変更を余儀なくされたチームもあった。若者政策説明シートに事業概要、必要性、検討経緯、担当課との調整、参考事例や効果などをまとめた上で、第八回目の議会では、議場において、これまで検討してきた内容の中間報告を行った。

当日の進め方は、次の通りである。

① 各チームからの政策説明

② 執行部側から政策について実効性や事

業効果などの視点から質問または提案

③　それに対し委員が答弁

④　そのやり取りを聞き、意見を持った委員が政策に対する意見を発言（第二期は、市民に説明できると思った委員は青カード、疑問点が残る委員は赤カードで意思表示し、委員間で意見交換）

⑤　委員全員で政策の方向性について議決（第二期は、赤・青カードで意思表示）

このままの方向性で精度を高めて市長答申していくのか、あるいは政策の方向性自体を一から練り直すのか、委員全員で若者議会としての方向性を決定する場となった。この日のために、多くの時間をかけて準備してきた。これまでの話し合いの経緯を整理し政策としてまとめ、分かりやすい説明をするためにプレゼンにも力を入れた。そして、執行部側である担当部長からの質問に答えられるように、どんな質問がくるのかを想定することで客観的に課題を洗い出した。この執行部側との意見交換の場で意見をもらったことにより今後検討しなければいけない課題も明らかになった。

●練り直し（九月）

中間報告でもらった指摘やアドバイスを基に、市長答申に向けて政策を再検討した。その際には、市の事業を提案する上で必要条件となる公益性、公共性、実現可能性などの指標ごとに精度を高めることを徹底した。

政策には予算が伴うが、政策立案の最終仕上げとして予算調整を行った。メンターと協力しながら提案する政策の予算積算作業を行った。事業予算を積み上げたところ、若者議会で確保されている財源の上限である一〇〇〇万円を超えてしまうことになった。そこで、今一度事業予算の見直しを全員で行い、他のチームの事業を精査した。つまり、若者議会のメンバー同士で予算査定をすることとなる。

●地域意見交換会（一〇月）

一〇月は、市内一〇の地域自治区ごとに開催される市長と地域との意見交換会に、若者議会から二人ずつ委員が参加した。そこで地域の方々に、活動報告をするとともに、若者議会に対してアドバイスやエールをいただいた。

市の広報誌やHPなどで若者議会の活動を積極的にPRしているが、「若者議会というのは聞いたことあるが活動内容はよく分からない」という住民の声もある。そこで、若者自らが地域に出かけ、自分たちの活動を直接地域の住民に伝え、住民と意見交換をすれば、その積み重ねが、地域の理解につながっていくことになる。このような場は非常に重要な機会と考え、積極的に参加した。

この中で特に重視したのは、若者政策といっても、「若者のためだけの政策ではなく、市民全体のための政策を若者の視点で考えるということである」ことを地域の住民に理解してもらおうと考えたことである。それが市民全体で若者議会を応援してもらえることにもなる。中間発表以降、市執行部で指摘された問題点や地域意見交換会で出されたアドバイスなどについて議論を深め、見積書を集め予算を積算し、若者議会の来年度事業予算を確定した。

●市長への答申（一一月）

一一月は、若者議会のクライマックスである。これまで検討を続けてきた政策を議場にて発表し市長に答申した。

第一期若者議会の答申内容は、五六ページ表の通りである。

第二期若者議会の答申は五七ページ表の通りである。

同時に、この半年の活動を振り返って、これまでの市長答申に至るまでの経緯、新城市に対する意識の変化、この若者議会の経験を生かして今後にどうつなげていきたいかなど委員全員がそれぞれ思いを語った。

その際、初代の若者議会議長竹下はこう語っている。「最初の所信表明の頃と比べると、考え

第1期若者議会が2015年11月2日市長に答申した内容

平成28年度新城市若者予算　予算総額　9,977千円

1　ふるさと情報館リノベーション事業　4,169千円
あらゆる世代の利用率を向上させるため，若者の目線でふるさと情報館の空間及び形態のリノベーションを図ります。

2　情報共有スペース設立事業　2,880千円
若者主体の新たな市民活動を生み出すことができる場を創出するために，新城市新城まちなみ情報センターの空間及び形態のリノベーションを図ります。

3　新城市若者議会特化型PR事業　1,500千円
新城市にとって大きな可能性を秘めた若者議会とその活動を，民間と連携し全国に向けて力強くPRしていきます。

4　いきいき健康づくり事業　753千円
市民の健康に対する意識を向上させるため，消費カロリーが非常に高く，今流行りつつあるバブルサッカーができる環境をつくります。

5　お喋りチケット事業　426千円
地域での支え合い活動の強化を目的に，高齢者にお喋りチケットを配布して高齢者と若者との繋がりをつくります。

6　若者防災意識向上事業　249千円
災害時に活躍できる若者を増やし災害被害を軽減させるために，若者の防災を考える会を立ち上げ，若者自ら防災意識向上を図ります。

方、立ち居振る舞い、話し方などあらゆる面で委員全員が本当に大きく成長した。この若者議会を通して〝若者の品質〟を高めることにもつながった」。若者議会は政策をつくる場であるが、それと同時に若者を大きく成長させてくれる場でもあることが明らかにな

第2期若者議会が2016年11月2日市長に答申した内容

平成29年度新城市若者予算　予算総額　　9,552千円

1　図書館リノベーション事業　　4,949千円

図書館は本を読む場所という既成概念にとらわれることなく，さまざまな世代のニーズに応え，図書館の利用率UPや貸出数の増加など，多くの市民の生活の一部に図書館が選択されるようなリノベーションを提案します。

2　ハッピーコミュニティ応援事業　　1,320千円

若者同士による活発なコミュニケーションを発生させ，若者が組織化し，自発的な活動が行われるような仕組みを作ります。さらには，既存の組織と世代を跨いだ交流をし，新城市を過ごしやすいまちにします。

3　新城市若者議会PR事業　　1,293千円

若者議会の認知度を向上し，若者議会への市内の理解者を増やします。また，新城市を若者が活躍するまちとして広め，市外の方に関心を持っていただき，足を運んでいただけるように働きかけます。

4　しんしろ魅力創出事業　　1,366千円

新城市の魅力をもっと市内外の方に知ってもらうため，若者目線の観光PRと学校教育の魅力度UPの土台づくりをします。

5　いきいき健康づくり事業　　41千円

市民の健康に対する意識を向上させるため，消費カロリーが非常に高く，今流行りつつあるバブルサッカー教室を継続します。

6　お喋りチケット事業　　426千円

地域での支え合い活動の強化を目的に，高齢者にお喋りチケットを配布して高齢者と若者との繋がりをつくります。

7　若者防災意識向上事業　　157千円

災害時に活躍できる若者を増やし災害被害を軽減させるために，若者の防災を考える会の活動により，若者自ら防災意識向上を図ります。

若者議会の年間スケジュール

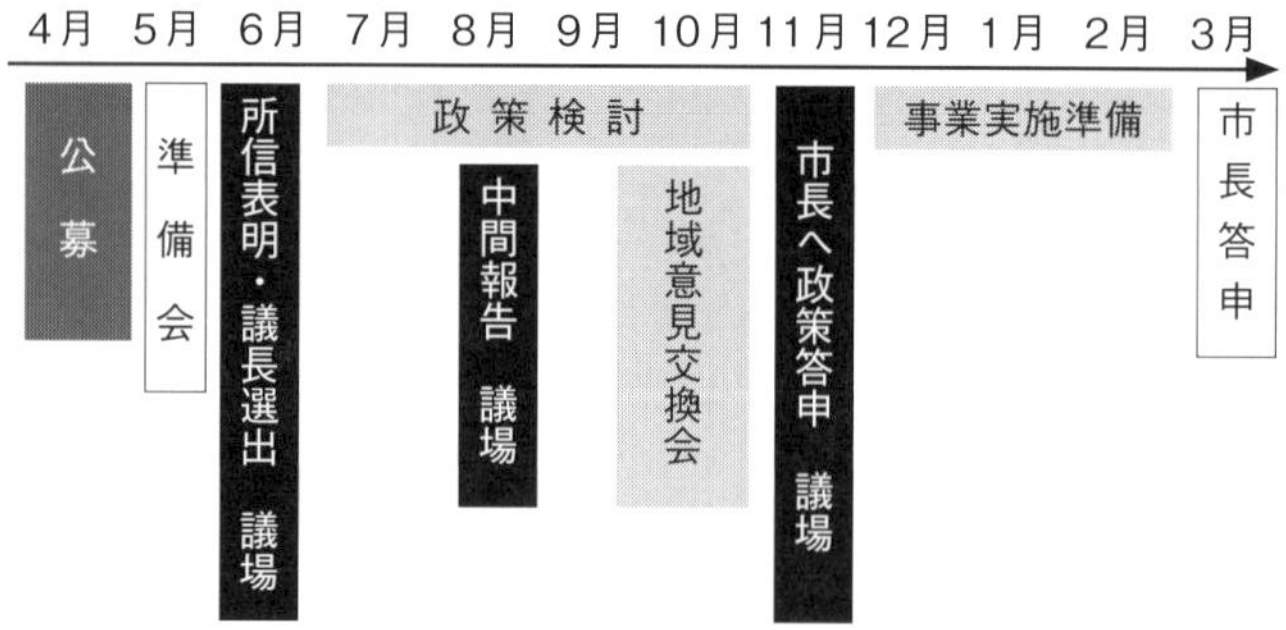

った。

●市長答申後（一二月〜三月）

答申後は、次年度の事業実施に向けて準備を行った。

答申した政策案は、市議会で承認されれば次年度から市の事業として施行されていく。そのため施行段階できちんと実行されるための準備を行った。検討した事項は、事業の年間スケジュール、実行委員の集め方、チラシのデザインなどである。

市議会の代表に対して政策の説明を若者委員が行い、議員から質問とアドバイスをもらった。そして、三月議会で若者議会の事業予算が承認されたことから、答申内容は、次年度の市事業として執行されていくこととなった。

また、政策立案のほかに、若者議会の運営方法についても、委員自身で見直す会議を開催した。一年間の経験を踏まえ、課題を洗い出し解決方法を検討し、改善策をまとめ

1　初年度であるため試行錯誤することはあったが，次年度以降は，この1年間の実績を生かし計画的に若者議会が運営されることを望む。
2　第1期若者議会において提案した事業が，継続的に執行できるよう担当部署の協力をいただきたい。
3　メンター職員制度は，若者議会委員の活動を精神面，行政ルール・専門知識のアドバイス，担当課や事務局との調整など幅広く支えてくれた重要な存在であるため，今後も充実を図られたい。その際，メンター職員間における役割についての共通認識の醸成と，女性メンター職員の割合も考慮していただきたい。

て三月に市長に答申した。

ここで出た改善策は上に掲げたような事項である。

若者議会のような生まれたての組織には，ＰＤＣＡの仕組みを取り入れ，毎年実行していくことが，組織の継続や活性化にとって有効な方法である。

このＰＤＣＡの仕組みは，日々の会議においても採用している。感想カードを採用し，毎会議終了後に記入してもらい，その中での気づきを運営に活かしている。

3　運営ノウハウ

●パブリックな場へ

二〇一四年度若者政策ワーキングの大臣制で学んだことを活かした。それは，若者が公の場に立つと大きく成長するということである。そして，責任感が増し自主性が備わり自信につながる。

若者議会では、パブリックな場で委員が活動する機会を設けている。辞令交付・所信表明を行う第一回、八月の中間報告、一一月の答申と計三回、市議会の議場を借りて若者議会を開催する。また、市内一〇地区で開催する地域意見交換会での発表、ラジオ出演やシンポジウムへの参加などである。

議場については、市議会の了解をいただき、①六月の所信表明、②八月の中間発表、③一一月の市長答申を行っている。議場は傍聴もでき、当日の模様は地元のケーブルテレビで録画放送をしている。自分たちの発言・発表・答申が公となるというプレッシャーを乗り越え成長する。

また、地域意見交換会は、一〇月に地域自治区単位一〇地区で開催し、二〇名から七〇名ほど集まる。その住民の前で若者委員は、活動報告と一人ずつ若者委員としての思いを主張し意見をもらう。答えられない質問や考えてもみなかった地域の課題を突き付けられることもあり、まちを良くしていくことはそう簡単ではないということ、またその反対にまちをもっと良くしたいという気持ちで帰ってくる。

パブリックな場での発表は、地域との意見交換は若者たちの精神を鍛え、考え方の幅を広げることになる。

●部活としての「若者議会」

第二期若者議会の前田康太副議長は、「若者議会が学校の部活のようになればいい」と語る。市長への答申という最初のゴールに向かい、一致団結して自主的に活動をする環境を整える。スケジュールや目標は事務局で大きく示すが、メンバーの自主的な活動を支える体制を取る。メンターがサポートし一緒になって政策づくりに取り組む。時に楽しく時に厳しい部活、そして卒業する時に若者議会で成長できたと実感できる環境を整える。

若者議会の進め方については、議長・副議長を中心に事前打ち合わせや、各チームのリーダーを集めたリーダー会を開催するなど、自分たちで若者議会の伝統をつくっていくことが必要である。部活動のように継続できる仕組みとなるよう改善しながら自分たちで若者議会を良くしていこうとしている。一年間の活動を通して、初代竹下修平議長の言葉にあるように、「若者議会は、成長できる場」となっている。

●卒業しても活躍する若者

若者議会の委員は任期一年である。再任もできるが多くは卒業する。この卒業生にも関わってもらい「部活」の先輩として活躍できるメンター市民制度を設けた。若者政策ワーキングのメンバーや第一期若者議会の委員の中で、引き続き次の年も若者議会の活動をサポートしてくれる若者がメンター市民となる。「なぜ、若者議会があるのか」、「なぜ、この政策を提案したのか」など先輩の想いを持って議論に加わる。彼らがいることで若者議会の継続性が守られているともいえよう。

また、自分たちが提案した事業に主体的に関わってくれる若者も生まれた。第一期提案のバブルサッカー健康教室事業、若者防災意識向上事業、高齢者と若者のおしゃべりチケット事業は、若者が政策提案（プラン）したことを事業実施（プレイ）する段階に進み、提案した第一期生の若者自らプレイヤーとして事業に関わっている。例えば、第一期の前田朝陽委員は、卒業後の二〇一六年、若者防災の会「欅」を立ち上げ、若者の防災意識を向上するためのイベントである炊き出しバトル「Bousai-1グランプリ」を防災安全課のバックアップのもと九月に実施した。

他方、若者議会に卒業後も関われる場として、卒業生が中心となり若者議会連盟が設立された。新城市の若者議会への運営アドバイザー、全国の視察対応、また全国における若者議会の普及などを目的に持つ。

若者議会を卒業しても「若者が活躍できるまち」のために尽力してくれる若者がいる。まちづくりの当事者意識が芽生えた若者の誕生である。

●生きた組織であり続けるには

「部活」のような自主的な活動となり始めた若者議会は、次々に積極的な展開を見せる。活動の舞台は、政策を検討し市長に答申する場面はもちろん、若者議会専用のホームページに広報部が中心にブログの記事をアップすること、さらにはラジオ出演、新城ラリーや成人式などさまざまなイベントでのPR活動、大学や高校での活動報告・意見交換などに及んでいる。委員は、積極的に自らの活動を発信することの楽しさと大切さを実感している。

自ら企画し自ら行動する若者議会は、まさに「生き物」である。この活動を続けるためには、行政側に柔軟性が求められる。図書館のあり方検討の中で、参考にしたい図書館があればそこへ出向き、PR活動で参加したいイベントや意見交換したい大学があれば交渉する。そのための予算措置も柔軟に対応する必要がある。

自主性が進むと新たな課題も浮上する。予算要求段階では想定しなかったような活動を企画しようとする場合、予算の手当に奔走し財政課をはじめとする関係各課と調整しなければならない。市民と協働でまちづくりを年度内で機動的に進めるためには、つまり「市民とともに走りながら考え実行する」ことができるためには、財政課の理解が必要不可欠である。若者議会が生きた活動を維持できるのは、財政課の適切なアドバイスによるところが大きい。

●提案が実現する仕掛け

政策を検討していく中で不可欠なのが事業担当課との調整である。若者議会で提案された事業は、次年度、市の事業となっていくため、事業内容次第では、まちづくり推進課以外で事業を実施していくことも大いにありうる。担当課にしてみれば、日々の業務だけで手一杯で職員の数もギリギリなのに、新たに若者議会の関連事業が湧き上がってくる。しかし事業は増えても人は増えない。しかも、前例のない事業である。

そのような状況の中で心がけているのは、若者議会と担当課との話し合いの機会を早くから設けることである。

市に事業を提案する以上、既存の計画、担当課としての考え方や予算面での問題などがあり、若者の提案をすべて鵜呑みにすることはできない。できることとできないことがあるため、若者議会の政策の方向性が固まりつつある早い段階で、若者議会と担当課で方向性の擦り合わせを行う。若者議会にとっても、政策提案は、「完全な自由（＝freedom）」ではなく、「制限がある中での自由（＝liberty）」だということを、政策形成過程における学びの一つとして捉えてほしいと考えている。

若者が提案したものが必ず実現できる政策となるためには、担当課の理解と協力が不可欠である。

●距離の縮め方——LINE等活用法

若者議会での議論は、尽きない。会議の回数は、全体会平均一五回、分科会六〇回程度だが、それでも政策を検討するとなると時間が足りない。メンバーが集まれない時に議論できるツールとして携帯電話アプリＬＩＮＥを活用した。ＬＩＮＥでグループラインを組み、日程調整や事務連絡、出欠確認はもちろん、意見交換やノート機能を使って発表原稿やブログの下書きをチェック、またまとめを張り付け、欠席者との情報共有や振り返りを行っている。時には、ビデオ通話をして話し合いを行った。若者議会をサポートする機能を発揮している。

若者議会の活動を市民の方に知ってもらうことが重要である。市民との距離を縮める方法として活動内容が分かるような動画をまとめた。初めて集まった日から答申までを一つの流れとして、オフショットや政策にかける思いを詰め込んだ内容となった。手作り動画にもかかわらず市民の方の中には、とても感動し若者の本気度を理解していただけた方が多かった。

コミュニケーションツールとして、一人一台持っている携帯電話と分かりやすい映像は有効であり、当事者間また市民の方との距離を縮める方法として必要不可欠である。

4　支える仕組みとしてのメンター職員

●メンター職員制度とは何か

若者議会を運営する中のキーパーソン、それがメンター職員である。メンターとは、ギリシア神話に登場する賢者「メントール」が語源とされており、その話の中で、メントールは良き指導者、良き理解者、良き支援者としての役割を果たした。このメントールが英語でメンターと表現され、仕事上（または人生）の指導者、助言者という意味を持つ言葉になったといわれている。

新城市若者政策においては、おおむね三九歳までの市職員が経験・知識などを活かし、若者議会委員と協力しながら政策立案のサポートをし、また若者と協力しながら若者総合政策を実施していく。メンター職員制度は、新城市若者政策メンター職員制度実施要綱で定められている。

若者議会では、一グループ五名程度でチームが構成される。メンター職員は、そのチームに二人程度配置される。配置される人数に規定はなく、その年の若者議会のチーム数やテーマにより決まる。

●メンター職員の役割

メンター職員の役割は、若者側と市役所とのパイプ役で具体的には次の内容である。

①ファシリテーター役

論議が円滑に進むようサポートし、そこで出されたアイディアや課題を政策に結びつくようアドバイスする役割である。

②法令関係・市の計画のチェック

mentor …（指導者として）導く，指導（助言）する
mentoring …職場において，熟練者が未熟練者（新人など）に助言や手助けをしながら人材を育成すること。

課題が政策になるまでには、法的な問題、市の全体計画との整合性、費用対効果などさまざまなチェックポイントがあるが、それを行政職員の経験を踏まえてアドバイスするものである。

③予算についてのアドバイス

若者議会は予算枠を持ち、また政策を答申する際には、その事業費を明記しなければならない。予算の積算という行為は、広い意味では、日常生活でも行われているが、行政には行政の予算編成ルールや基準がある。それを行政職員の知識と経験を踏まえて、アドバイスするものである。

④まちづくり推進課とのパイプ役

若者政策の担当課であるまちづくり推進課と若者委員は、密なる連携関係が求められるが、四～六グループ、メンターを含めると三〇人にも及ぶすべての若者委員とまちづくり推進課の担当職員が関わることは物理的に難しい。そこで、各グループで行われている議論の進行具合や、各委員の発言を聞き、気になる状況（例えばある特定の委員が議論に参加できていなくて心配など）をメンターから事務局に伝え、事務局とともに解決方法を検討する役割を負うもの

である。

⑤若者議会と所管課等との架け橋

政策提案にあたっては、その政策を所管する課に対するヒアリングや調整が必要になる。ただ、所管課担当者が毎回若者議会に同席するわけではないので、会議の場で出た疑問などを後日、若者委員に代わり担当課からメンター職員が聞き取りを行うなどの対応を行う。その聞き取り結果をＬＩＮＥで若者委員に展開し、次回の議会の議論がスムーズに行われるようにするものである。

●誰がどのようにしてメンター職員になるのか

メンター職員は、本人の希望制で、募集は年度の初めにある。応募するか否かは、本人の意思が基本であるが、本人が所属している部署の状況も重要な要素である。本来業務をこなしながらのメンター職員なので、課長はじめ、上司・同僚の理解・協力がないと活動できない。

●メンター職員が機能する条件

新城市若者政策メンター職員制度実施要綱では、メンターは若者委員と協働するとされている。協働の意味は多様であるが、若者政策におけるメンター職員は、若者の引き立て役に回ることが重要である。若者の気づきを引き出し、課題から解決策へ導くのが役割である。

したがって、メンター職員としては、若者に敬意を表しつつ、時には厳しく、時には後押しし、

メンター職員を送り出した課一覧

年度	若者WG（2014）	第1期（2015）	第2期（2016）
メンター職員の所属課（人数）	企画政策課	企画政策課（2人）	秘書広報課
	税務課	税務課（2人）	税務課
	防災安全課	防災安全課	行政課
	子ども未来課	行政課	契約検査課
	用地開発課	契約検査課	観光課
		福祉課	商工政策課
		保険医療課	議会事務局
		地域エネルギー推進課	スポーツ共育課
		用地開発課	
		市民病院企画課	
計	5人（男4，女1）	12人（男10，女2）	8人（男5，女3）

あるいは若者委員が若者議会に参加し自分の住むまちのことを考え、議論を楽しめるよう心遣いをすることができることが条件である。

メンター職員としては、自らがその年代だった頃を思い出しながら、若者の感覚を理解できるように努めるとともに、若者の提案に柔軟に応じ、若者の悩みを共有し、そして何よりお互いの議論を楽しむことがポイントのように思う。それにより、若者から信頼され、率直な意見を出してもらえるような関係を築くことができることになる。

●メンター職員の可能性

若者政策担当課以外の職員がメンター職員になるというのは、小さな自治体ゆえに、マンパワーが絶対的に不足するという事情もあるが、職員が積極的に地域に飛び出し、若者と協力しながら政策課題を発見し、解決していく方法を実地で学ぶという、職員教育の一環としての意味もある。

実際、若者とともに若者の視点で見ると気がつくことも多い。例えば市では、広報誌やホームページなどを通じて、溢れるばかりの情報を発信しているが、たとえそれが若者にとって魅力的なイベントであっても、ほとんどの若者は見ることがない。過去のやり方の踏襲や行政目線で考えていたことに、あらためて気がつかされる。常に市民目線、生活感覚を忘れないようにすることの大事さをメンター職員として携わることによって、再確認する機会となる。

メンター職員として若者と関わることで、職員として成長できるだけでなく、人間としても成長できる良い機会であることが、メンター職員に応募させる動機になっている。

5　若者議会の成果・影響・効果

●若者自身の成長

若者議会は、参加した若者を成長させる。

初めは人前で話すことが苦手だった若者も、市長答申の頃になると、堂々と意見を発表できるようになる。同時に、人の意見を聞く姿勢や立ち居振る舞いも、一年でずいぶんと成長する。

遠い存在であった行政や政治が身近になってくる。ある高校生委員からは、「市役所の人がこんなに話しやすいと思わなかった」と感想をもらったことがある。

情報共有のあり方を考えるチームにいた男子高校生は最初、口数が少なかった。ところが議論を行う中で、自分の発言が政策につながることを実感し、自分のまちが変わるかもしれないというワクワク感を持つことで、積極的に発言するようになっていった。新聞社からインタビューを受けた時も、堂々と受け答えるほどに変わっていった。

若者たちは、普段はまちづくりに関心がないように見えても、まちづくりに関わる機会を用意すれば、大きく変わっていく。

●究極の主権者教育!?

若者の社会性も広がってくる。新城市を活性化するための政策提案を考える中で、新城市の歴史や資源を知ることになる。その結果、自分たちのまちに対する愛情・親しみの気持ちが格段と深くなる。これまでなら、いわば傍観者的に新城市を見ていたが、どうすれば新城市が良くなるか、どうすれば、「元気に住み続けられ世代のリレーができるまち」になるかを考えるようになる。若者がシチズンシップを習得し、主権者として成長することになる。

若者は予算に無頓着かというとそうではない。若者予算一〇〇〇万円以内で政策をまとめる際、どうしても必要経費を積算する必要がある。若者議会の各チームは、互いの政策を予算とセットで検討し合う。税金を使うのに本当に必要不可欠か、費用対効果、公平性、平等性など考慮し予算を組むことになる。若者同士で予算を査定するプロセスを経て市長に答申する。

若者議会と市議会との意見交換も行った。第一期清水健至委員は、「自分たちの提案がそのまま実現されると考えると怖くなった。だからこそ議会の審査とその議員を選ぶ選挙が必要」と語った。若者委員として税金の使い道を真剣に考え提案すると同時に税金の使い道をチェックする議会の役割の重要性を強く実感することになった。

●アクティブラーニングの場として

政策をどのように検討していくのか、会議をどう進めていくか、地域の理解をどうやって得ていくのか等は、事務局にノウハウがあるわけでなく試行錯誤の連続であった。それゆえ、アクティブラーニングの要素が必然的に強くならざるをえなかった。

東京大学の大学教育総合研究所との意見交換を通じて、改めて若者議会の意義を問い直した。若者議会の運営には、正解としてのモデルがあるわけでもなく、若者委員自らが若者議会を自らつくるのである。つまり、若者議会は、委員、メンター、事務局、関係者が課題を探し出し、解決する仕組みを考える場となる。若者議会は、本気でやりたいこと、本気で考えたことを徹底的に議論するアクティブラーニング、また参加した若者が成長する人材育成の側面がある。

●家族の支えと地域の応援

第二期鈴木翔子委員が、家族で若者議会の話をしたところ、祖母から「おばあちゃんと一緒にどんな図書館がいいかを考えてみようか」といわれた。家族の団欒の中に若者議会と公共施設のあり方が話題に上がってくる。

若者議会へ参加する際に、家族の車で送迎してもらう委員もいるが、送迎というかたちで、若者議会が家族の暮らしに浸透している。若者議会は、家族の理解と協力なしには成り立っていないが、同時に、若者議会の理念や活動が、家族の中にも広がっていく。

また、若者議会は地域にも出かける。若者議会の活動は、まだまだ地域の方に知られていない。そこで一〇地域で開催される市長と住民との地域意見交換会へ若者委員二名ずつ参加し、活動報告と意気込みを語る場をいただいた。地域からは、「若い人が頑張っているのでうれしい」との応援するメッセージをいただき励まされた。またある地域協議会では、独居の高齢者と若者二名が会話をするおしゃべりチケット事業案を説明した時、「ぜひ行ってほしい」との意見をいただき、必要のある事業であると確信した。

さらには、地域意見交換会の参加者が、若者議会の取組を多くの方に知ってほしいと、新城ロータリークラブでの発表の機会を紹介していただき、第一期浅井架那子委員と第二期河部真子委員が登壇した。地域の経済界を代表する方からも、「とても真剣に活動していてびっくりした。ぜひ、これからも頑張ってほしい」との応援をいただいた。

●他自治体との共感、そして交流

若者議会の取り組みは、珍しいためか事例発表の機会と視察の依頼が増えている。特に地方都市の議会視察が多く、二〇一五年度六件三四人、二〇一六年度二〇件一〇七人(一二月一日現在)の方が新城市にお越しになっている。「なぜ、若者が集まるのか」、「市議会議員選挙が無投票だった。政治家になろうとする若者はいない」など地方都市の課題をぶつけていただき、若者政策の潜在的な意義が重要であることに改めて気づかされた。

全国の地方議会議員や行政職員が受講する日本経営協会、図書館関係者が集まる愛知県図書館での発表などを通して、若者政策や公共施設のリノベーションの必要性について共感が生まれていった。

若者世代との交流も生まれている。静岡県磐田市ヤング草莽塾、名古屋市昭和区若者会議、三重県亀山市かめやま若者未来会議などとの交流が生まれた。静岡県牧之原シンポジウムでは、他自治体との意見交換・交流が生まれた。また、かがやけ☆あいちサスティナ研究所、日本青年会議所主催「まちコネクション」に参加した大学生が若者政策の視察に訪れ、若者議会に参加した。少子高齢社会で、若者の持つ問題や日本の各地で若者政策の可能性を探る動きが見られる。第二期佐々木香奈実委員は、「若者が少ないから私が頑張らなきゃって思います」と述べるように若者が都市へと流出する地方の市町村でこそ、若者がまちづくりに関わる意義が大きい。

●若者も職員も図書館も変わった

若者議会は、若者も行政職員もまちも変える。

第一期若者議会における提案の一つに、「ふるさと情報館リノベーション事業」がある。図書館を若者の視点でリノベーションする提案で、二階の利用が少ない郷土資料室を多目的スペースにつくり変えることで、学生が勉強できる自習室や市民活動の場となるコミュニティスペースをつくろうという内容である。

当初、若者委員は、若者が集まることだけを目的にしていた。しかし、アンケートやヒアリングなどを行い議論していく中で、さまざまな立場の人が利用していることに気づき、若者だけでなく市民の方が使いやすくなるようにすべきという考え方に変わっていった。

図書館の職員は、当初は「図書館は本を貸したり読んだりするところなので、勉強するなら他の施設で考えたらどうか」という考えであった。しかし、若者自身が、事業に対する思いを誠意を持って粘り強く伝え続け、一緒に考えていくうちに、ともに図書館を良くしようとする立場であることに気づき、「私たち（行政職員）が探さなければならないことをあなたたち（若者委員）がやってくれている」と思うようになった。また、「こんな図書館が良くなるチャンスは今までなかった」とも語り、若者委員と図書館職員が協力して取り組むことで、図書館のリノベーションが進んでいった。

まとめると、

・若者目線で提案したことにより今まで気がつかなかったことに気がつく。
・一緒になってまちづくりをすることの意義を再認識した。
・前例踏襲ではない若者提案を事業化することで従来の業務を見直すきっかけとなった。

新城市の若者政策は始まったばかりで、職員の意識の中には、若者の意見に対し、ある種の抵抗感があるのは事実である。若者の意見を市政に取り入れることが特別なことではなくなる必要があるが、そのためには、まだまだ多くの時間を要する。若者と行政との協働作業を積み重ね続けていくことで、若者（市民）の感覚に対する職員の意識を高め、若者（市民）の政策提案に価値を見出していくことにつながっていく。

市民が主役のまちづくりを掲げる自治基本条例の精神は、このようなところに生きているといえよう。

●民主主義の学校として

若者議会は、民主主義の学校でもある。民主主義とは、他者の考え方や思いにも価値を認め、それぞれの良いところを止揚して、より良いものにしていこうというパラダイムである。

若者目線での提案は、これまで大人たちが気がつかなかったことに気がつく機会となる。話し合いを通して、提案した若者たちも、自分たちの見方とは違うもう一つの価値があることに気がつくことになる。その結果、新たな提案が生まれてくる。若者議会は、民主主義を実践する民主主義の学校といえるだろう。

こうした若者と大人たちとの協働を積み重ねていけば、新城市も大きく変わっていく。そんな期待と可能性を新城市の若者議会・若者総合政策は持っていると思う。

Ⅳ　若者総合政策プロジェクト

ここでは、興味深い若者総合政策プロジェクトを紹介しよう。

1　どやばい村プロジェクト

●どやばい村プロジェクトとは何か

どやばい村プロジェクトとは、若者政策ワーキングから立ち上がった地域活性化プランコンテストである。イベント参加者が地域を視察し、その地域が活性化する案を考えて提案する内容である。

どやばい村プロジェクトの「どやばい」とは、最近、すごいという意味でも使われるようになった「やばい」に、三河弁の強調の方言である「ど」をつけたものである。とてもすごいプロジェクトといった意味になる。「村」という言葉は、一過性ではなく長期的な活性化案を出してほしいという意味を含んでいる。

どやばい村プロジェクト

要するに、田舎に「どやばい人たち」を集め、地域にある「どやばい資源」を使って、長期的な地域活性化プランを考えてみようというのが、どやばい村プロジェクトである。

どやばい村プロジェクトでは、「地方の課題を都市部の若者に見てもらう」というコンセプトを掲げて、全国から若者に集まってもらった。新城市の東部である鳳来川合地区を舞台に、二泊三日の泊まり込みで、高齢化・少子化、獣害、遊休農地、空き家といった地方の問題を実感してもらった。新城市の課題は日本の課題であり、それを体感した若者に、それらの解決方法を地域の活性化案として発表してもらった。

全体としては二泊三日のスケジュールとした。まずイベント初日にコスプレした若者らが地域を練り歩き、地域の調査と地域住民との交流を行う。二日目の午前は、猪の解体ＢＢＱを行い、午後は、活性化案を検討する。そして、イベント最終日には、鳳来東小学校で検討した活性化プランの発表を行うという計画である。

●始めた意図、いきさつ

若者政策ワーキングは、当初は新城市内で生まれ育ったメンバーで構成されていた。そこに外からの視点も取り入れようということになり、市外から新城市にやってきた四名の地域おこし協力隊員が参加することとなった。若者、バカ者、よそ者によって地域が変わるといわれることがあるが、若者政策ワーキングに、よそ者を混ぜることで多様な視点を手に入れたといえる。

また若者議会は、新城市内の若者の声を取り入れるための仕組みであるが、同時に、市外の若者（よそ者）の声を取り入れることも行いたいという意見が出た。ただ、若者議会は一年を通じて集まり議論できるが、市外の若者にそれを求めるのは難しい。そこで目をつけたのが、全国のさまざまなところで開催されている地域活性化プランコンテストだった。

そして、若者政策ワーキングのメンバーで、福井県鯖江市の地域活性化プランコンテスト、長野県小布施町の若者会議の視察を行った。いずれも、全国の若者を現地に集め、その地域を見てもらい、地域についてともに考える試みである。

こうした思いを育て、準備を重ねて行われたのが、二〇一六年三月の「どやばい村プロジェクト」である。

●イベント名を考える

まず考えたのは、イベント名称である。名前をつけるにあたって重視したのはインパクトである。こうしたイベントの肝は集客であり、まずはイベントタイトルをキャッチーにする必要がある。

「やばい」という言葉は、若い世代にとっては、「この景色がやばい」というようにポジティブな意味を含むが、同時にネガティブな意味も同居する面白い言葉である。プラスとマイナスが、ないまぜになったこの言葉は、ある種のインパクトを持って、多くの人の心に残ったと思う。

また、行政が企画したら、「どやばい」という名称を使うことはできないだろうから、若者自身による企画という趣旨も、自然に伝わっていくことになる。

●場所の選定と地域の理解

イベントは、新城市の東部、鳳来川合地区で行った。鳳来川合地区は、鳳来峡インターから車で五分のところにあるので、名古屋駅から一時間半、浜松駅からなら一時間一〇分くらいで行くことができる。人口が三六〇名ほどの集落で、そのうち二〇〇名以上が六〇歳以上と高齢化が進んだエリアである。

地域活性化の活動は地域が不安に思ったり、また地域住民の理解がない場合、計画の意味は乏しいものとなる。住民たちは、よそから来た若者たちが何をするのか不安も感じているだろうし、なにせ名称が、どやばい村プロジェクトである。地域に丁寧に説明をしにいくところから始めた。イベントのチラシを一戸一戸、配って回った。

初日のコスプレ地域視察では、参加者全員に加え、スタッフもコスプレした。民族衣装、野菜、ディズニー、ジブリ、白鳥、ヤンキーといった色とりどりのコスプレである。それを見るために地域の方々が家の前に出てきてくれたため、参加者との交流が生まれた。その効果もあって、二日目のバーベキュー、三日目のプラン発表にも数十名の方が来てくれた。プラン発表の時には新城市長、川合地区区長・副区長にも代表してコメントをいただき、川合地区の明るい未来案に期待が高まった。

●計画・運営にあたって配慮したこと

計画・運営にあたって検討したことや配慮したことは多方面にも及ぶが、ここではスケジュール、参加者に考えてほしいこと、イベントの魅力のつくり方、マーケティングの順にまとめていこう。

①イベントの日数についてである。最終的には、二泊三日がちょうどよいと考えた。

イベント前半をプラン立案のためのインプット、イベント後半をプラン立案発表というアウトプットに区分すると分かりやすい。まず前半は、地域の視察や地域住民との交流、地域を活性化するためのプランを構築するための事例を参加者と共有した。後半は、参加者同士の意見交換を行い、議論を深め、そして発表するという内容である。これを適切にこなす日程が必要になる。

全国から若者を集める場合、参加者の移動を考慮すると集合を早朝にすることは難しく、お昼前後になる。仮に一泊二日の場合、そこから発表までが二四時間ほどしかない。ところが二泊三日ならば、インプットやアウトプットの時間をさらに二四時間取ることができる。三泊四日にすれば、もっと充実した時間を取ることができるが、今度は、連続した四日間で参加できる人は限られてしまう。

②次にイベントの核となる参加者に何を考えてもらうかである。新城市は地方が抱える課題の先進地であることを今回は隠れたコンセプトとした。高齢化、少子化、空き家の増加、耕作放棄地の増加、獣害といった日本における地方の課題が新城市には凝縮している。それらを都市部の若者に一次情報として実感してほしかった。

また新城市は名古屋、浜松、豊橋といった大都市からのアクセスが比較的良いこと、美しい川や滝があることといった側面もあり、いわば新城市の魅力を体感してもらいたいとも考えた。美しい水と岩が織りなす乳岩峡の近くの川合地区を選んだのも、この理由からである。

③イベントのコンセプト確定と並行して、どのように参加者を集めるかというマーケティングも考える必要がある。全国の至るところで若者を集めるイベントが行われており、二泊三日という時間を新城市に使ってもらえるような魅力的なイベントにしなくては全国の若者は集まらない。そのために行ったのは、キーワードの洗い出しと、女性目線の導入である。今回のイベントにつながる「わくわくする」言葉と内容を議論した上で、それについて女性にヒアリングすることを繰り返した。女性の意見を聞いた理由は、「地域に若者を集めて考える」といったイベントの場合、男性の比率が高いのが常だからである。地域活性化のために女性の参加は欠かせず、女性の視点が反映されない計画は、成功しないと考えたからである。

そうして、決定したキーワードが、「どやばい」である。

そして、何よりも重要なのが、実際に参加してくれた人たちが満足するイベント内容であることである。イベント名を見た人が、このイベントに参加したいと思わせる、名前負けしない「どやばさ」が大事になる。コスプレによる地域歩き、参加者同士の交流を促進するくじ引きコンセプト鍋、猪の解体バーベキューなど、主にインプットの場面に面白さを加えた。それによって新聞やテレビといったメディアに取り上げられ、同時にSNS等も活用し、結局、北は仙台から南は鹿児島まで、三〇名を超える若者から参加申込みがあった。

●成果や効果など

発表されたプランに対して、一部のイベント参加者が動き始めた。プランを発表しただけで終わりにしてよいのかという気持ちを持った数名が、新城市役所と川合地区区長を巻き込んで活動し始めた。

アンケート結果を踏まえ、活性化案の一つとして豪華なキャンプとして流行り始めているグランピングをやれないかを検討している。遊休農地の選定、空き家の活用、ビジネスモデルの構築を含めて、現実的なプランに落とし込み、現在、それを実現すべく奔走中である。

市外の若者の声を取り込みたいという想いから始まった地域活性化プランコンテストであるが、市外の若者と地域がこのように連携し始めている。

2　二五歳成人式

●つながるキッカケ

二五歳成人式とは、二〇歳の成人式から五年がたち、さまざまな社会の厳しさを経験した二五歳の若者が、生まれ育った新城、あるいは愛着のある新城に一堂に会し、年月とともに少しずつ

二五歳成人式（二〇一六年一月〇日）の様子

希薄になっていく地元への意識や同世代とのつながりを再構築することを目的とするイベントである。

「若者が住みたいまち」をテーマに開催された第二回市民まちづくり集会でのグループディスカッションを行った際に、あるグループから、「成人式のような若者が集まれる機会があった方がいいのでは？」と提案があった。これが二五歳成人式が生まれたきっかけの一つである。

●同世代で見つけた「まち・ひと・しごと」

二五歳の成人式を実施すべく、市内在住の二五歳を中心に実行委員を公募で募集し、実行委員会を立ち上げ、どうすれば新城市の魅力を再発見できるか、同世代のつながりを再構築できるかなど協議を重ねた。

　地元の特産品を食べたり飲んだりし、魅力を再発見する特産品ブースや新城市での就職・起業を考えている人のためのお仕事応援ブースなどを設置し、参加者に地元への意識・同世代とのつながりを再構築できるようなきっかけづくりを心がけ、従来の成人式との差別化を図った。参加者アンケートの中には「Uターンしたい」という感想もあった。

また、二五歳の主張では、「新城市が変わろうとしていることが分かった。魅力ある新城にしていきたい。そして自分も変われるように努力したい。」とあるように、身近な人たちの活動に触れ交流することで、新城市の魅力を再発見し、自分もやってみようという気持ちを持つことができたのではないかと考え、今後も同世代のつながりを大切にし、市民が自発的に集まる機会をつくれるような働きかけをしていきたい。

3 盆ダンス

●若者文化を生み出すことへの挑戦

「新城の盆踊り革命を巻き起こす！」という若者たちの純粋な思いからすべては始まった。

地域の人口減少や少子高齢化が進んでいくにつれて、従来、地域で盛んに行われていた盆踊りなどの行事がどんどん消滅してしまっている現状があった。

このような現状を打破し、地域に活気を与える一つの起爆剤としたい。若者が集まり盛り上がれるようなイベントを新たに興こすことで、若者発信の新たな若者文化を生み出したいという強い思いがあった。この盆ダンスは、誰もが新城のお盆を満喫できるように、故郷に生まれた新しいイベントを体感することで、新城愛を育んでもらい、新たな交流の場を確保することがねらいとなっている。

「盆ダンス」という名称は、ベースとしての盆踊りをイメージさせるねらいがあり命名した。

●新感覚盆踊り

従来の盆踊りの概念は残しつつアレンジを加えた。櫓、提灯はそのままに、新たにDJブースを設け、若者に人気のJ-POPの曲(EXILEのKi・mi・ni・mu・chuなど)を流した。当日ふらっと来ても踊れるように、櫓の上からレクチャーしていくスタイルを取った。ターゲットとしては、若者だけでなく老若男女すべての世代の方々が盆ダンスを通じて交流を楽しめるように、流行りの曲だけでなく、盆踊りの定番である新城音頭や東京音頭もレパートリーに組み込んだ。

企画・運営に関しては、前述したプロのダンスチームであるENDLESS(エンドレス)のメンバーを中心に実行委員会を公募で結成し、五月から計八回もの実行委員会を開催し協議を重ねてきた。また、地元の代表区長も実行委員に入っていただき、地域と一緒になってつくり上げてきた。

平成二八年度は前年に引き続き二回目ということで、一回目よりも多くの人に来ていただくためにさまざまな新しいことに挑戦をした。目標来場者数を達成するため、実行委員の一人ひとりが自らのできること、役目をしっかりと果たした結果、目標を大きく上回る来場者が会場に訪れてくれた。会場には人が溢れ、新城金融協会から提供いただいた光るうちわを片手に煌めく光景が広がっていた。櫓の周りに無我夢中で駆け回る子どもからお年寄りまでの人々を見て、実行委員メンバーもこの事業に相応の手応えを感じていたのではないかと思う。「こんな盆踊り見たことない」、「来年も絶対やってほしい！」という市民の声を多数いただき、今後多くの市民の声を力に変え、継続させていく道を探っていく。

盆ダンスのポスター

この盆ダンスだけでなく、他にも若者総合政策の中で実現されている事業が数多くある。若者議会から答申される事業についても若者総合政策のプランの中に位置づけられていくことになる。したがって、若者が主体となって実施していく事業は、今後加速度的に増えていくこととなる。

この盆ダンスは、若者の声により実現された代表的事業として、新城市の夏を代表するイベントに成長するように、またそうした活躍できる若者が増えていくとともに、新城という場で挑戦する若者がチャレンジしやすい環境づくりを市としても強力にバックアップしていくことが今後不可欠となってくるだろう。

第3章

若者政策の思想

——穂積亮次×松下啓一対談

全国で若者政策の取り組みが始まろうとしています。人口減少、超高齢時代を迎える時、次の時代の担い手である若者を無視しては、自治やまちが継続しないのは明らかです。若者のまちへの主体的参加の道を切り拓いていくことは、避けては通れません。

若者政策の内容は広範ですが、若者の社会参加・まちづくり参加を中心とした新城市の取り組み内容は、第2章で詳しく述べられています。

第3章では、新城市において、若者政策を提案・リードした穂積亮次新城市長との対談を通して、若者政策の理念、若者政策の立案をめぐる諸論点、あるいは新城市における実践を通した総括と評価など、若者政策の意義を考えてみたいと思います。

1　若者政策の出現

●若者政策と人口減少・超高齢社会

松下　若者政策の出現は若者人口の減少、あるいは高齢者の増加といった、人口減少・超高齢社会の到来と密接に関係しています。

穂積　これからの「日本の問題は何か」と問われれば、いろいろな角度からの答えがあるでしょうが、誰一人として逃れられない大問題に「人口減少」があります。

この時代への入り方を誤れば、即、社会保障制度に大穴があき、格差の拡大が社会に深刻な亀裂を生みます。そしてそれは民主社会を機能不全に追い込み、国民の幸福追求の基盤が失われることにつながります。

同時に、人種、宗教、階級、身分などによる社会的対立が比較的少なかった日本ですが、ヘイトクライムが大量殺りくを生むような土壌がすでに顔を出し始めています。

拙著『自治する日本――地域起点の民主主義』では、一連の若者政策（若者や女性が活躍する社会の実現）を、人口減少時代への入り方を誤らないための必須不可欠の切り口に位置づけています。

高度産業社会と曲がりなりにもの福祉社会をつくり上げた後に、急激な人口減少、しかも超高齢化と生産年齢人口のさらなる減少を同時に迎えることは初めてのことですから、それを乗り切る正しい処方箋があらかじめ用意されているわけではありません。

一人ひとりに、人口減少・超高齢時代への向き合い方が問われています。

●人口減少・超高齢時代への向き合い方

松下　人口減少・超高齢時代への向き合い方のひとつが、若者政策ですね。

穂積　若者政策は、社会の新しい可能性を拡げることを目指して取り組まれていますが、同時に、これ以上、若者を政治過程から疎外した状態に置いておくことは許されないとの意思に基づいています。

なぜかといえば、人口増加時代（高度経済成長時代）の残影から、あるいは幻想から解き放たれて、社会の望ましいあり方を構想し、決断できるのは、現代の若者世代だからですし、その可能性を開花させることに社会が総力を挙げずして、われわれは新しい希望に一歩たりとも近づけないからです。

新城市での若者政策の取り組みは、必ずしもすべての地域に適応できるものではないと思いますが、同様の取り組みが日本全国で実践され、広がり、国を動かすようなムーブメントになることが期待されます。

●なぜ新城市なのか

松下　その通りだと思います。でも人口減少や超高齢化は、全国どこでも起こっています。その中で、なぜ新城市で若者政策が始まり、短い期間に大きく成長できたのですか。

穂積　やはり何といっても「本気で」政策づくりや若者議会活動に取り組む若者集団が生まれていたことです。そのプロセスをたどると、一つの大きなきっかけがあったことが分かります。世界新城会議（ニューカッスル・アライアンス）への参加と、欧州を中心にした各国若者議会メンバーとの交流です。

四年前イギリスでの会議に参加した新城の若者代表は、彼らとの討論で大きなショックを受けて帰国します。

言葉が通じない、これはまず大きな壁でした。何といおうか、英語の表現を頭の中で探しあぐねているうちに、ディスカッションはどんどんと進んでしまいます。こういう会議で何も発言しない（できない）ということは、そこに存在しないも同然ですから、その「取り残され感」は半端なものではなかったと思います。これがまず一つです。でも英語力だけのことなら英語を上達させればいいし、あるいは英会話大得意という若者を代表にすればいいことです。

彼らが言葉の問題以上にショックを受けたのは、自分たちが自分たちのまち（新城市）のことをあまりにも知らず、したがって何も語れない、ということでした。

その時の討論のテーマは、自分の住むまちは「若者に優しいか」でした。はて、わが新城市はどうなのだろうか。就業、学業、スポーツ、文化、職業訓練、市政への若者意見の反映など、さまざまな分野における優しさが問われました。

ところが、かの国々では「若者議会」が組織されていて、そこに若者たちが集まって、まちのあれこれを議論し合い、さまざまな政策提案をしているとのことです。当然、自分の住むまちの市政運営についても、それなりの知識を持ち、自分の見解をもち、望む方針に向けてのアクションが重ねられています。

それに対して、日本の新城市の状況はどうか。仮に言葉が自由に使えたとしても、答えに窮するばかりです。その恥ずかしさと悔しさはいかばかりであったか。新城の若者たちはこの悔しさを持って帰ってきました。

彼我の違いは、何も彼らが特別優れていて、こちらが劣っているからではありません。両者の相違は、彼らは、日頃から、まちのことを考えたり、意見表明をしたりする機会を持っているからであり、また市政運営の中にもそれを受け止める仕組みが用意されているからだ、そう若者たちは気づいたのです。

だとすれば自分たちも、日頃から、まちのことを考えるように心がければよいのではないか、若者の思いや意見を受け止める機会をつくればいいと考えたのでした。

2　若者政策の設定

●アジェンダ設定の難しさ

松下　私は、数年前に、若者政策の必要性に関する報告書を書きましたが、その時は、ほとんど誰の関心も引きませんでした。私は、さまざまな市長さんに会うたびに、若者政策の必要性を力説しましたが、きょとんする人、なるほどといってくれるものの、政策メニューとして掲げる人は誰もいませんでした。

私の仮説は、「怖かったのだろう」です。若者に政策の光をというと、すぐに困っているのは高齢者だという声が上がります。実際、選挙になると、有権者数では高齢者は若者の二倍おり、投票率も高齢者と若者は二倍違います。止めておこうということになるのだと考えました。

穂積　そう考える首長さんもいるかもしれませんが、多くの首長さんの思いは違うように思います。多少のリスクがあっても本当に必要で、緊急性のあることだと分かれば、政治決断を惜しまない首長はたくさんいます。若者政策の必要性や切迫性、その本質的意味に思いがいっているかどうか。まだそこまでは感じていない方が多いのかもしれません。

また、たとえそのことを個人の認識の上では十分に理解できたとしても、自治体の政策にするとなると、当然それを求める人が相当数いなければ現実の事業に移していくことはできませんし、施策のかたちを構想することもできません。

職員に任務を与えても、どこから取りかかっていいのか、よりどころにすべきひな型が示されているわけでもないので、とても難しいのではないでしょうか。

つまり話としては分かっても、それを担う主体が住民の中にいない、あるいは見えない間は、政治アクションになりにくいのです。

これは「問題」を理解認識することから、政策体系に移していく時の避けられない関門です。

●ヨーロッパの取り組み

松下　若者について、日本より先に問題化したヨーロッパでは、体系的な若者政策が出現しています。そこに政策づくりにあたってのヒントはあったように思います。

穂積　若者政策の先進地であるヨーロッパ諸国でも、各国ごとに理念や制度が異なっていて、必ずしも一般化はできません。しかし、一方、彼の地での若者政策には、共通の背景もあるように思います。

その最大のものは、一九七〇年代から八〇年代以降常態化した若者の高失業率、インフレと不況が同時進行するスタグフレーション現象にヨーロッパの若者は翻弄されます。その前にはステューデントパワーと呼ばれた若者の世界的反乱が吹き荒れました。

従来の若者対策は、日本でいう「青少年問題」のように、非行防止やドロップアウト・犯罪青年の社会的更生、職業教育など、若者が陥る否定的問題への対処が主でしたが、この時代から、若者を一つの社会的パワーと捉え、社会改革のプロセスにいかに主体的に参画させるかに、政策のシフトが移っていったように思えます。

若者を社会の「資源」と捉え返したスウェーデンの若者政策は、その典型でしたが、さらにEU統合の深まりとともに、社会政策の共通化が、若者政策の幅広い展開を促進しました。日本は、この時代の通り方がヨーロッパ諸国とはかなり違っていましたから、長らくその必要性が社会共通の認識にはなりにくかったと思います。

●おやじセーフティネットの破綻

松下　日本においてヨーロッパのように若者問題が顕在化しなかったのは、若者問題が家庭内で沈潜したためだと思います。私は、これを「おやじセーフティネット」と呼んでいます。おやじの経済力で何とかなった。しかし、その親父が定年し、社会全体が高齢化する中で、今まで家庭内に収まっていた若者問題が、顕在化し始めたということだと思います。若者問題を政策課題として設定するにあたって、若者は「資源」という発想は重要ですね。

穂積　スウェーデン政府の「青年事業庁」の文書にも、こんな意味のことが書かれています。若者については、二つの見方があるということです。若者は、若いがゆえに問題状況にあるという見方と、若者は本来的に資源であるという見方です。この違いが若者政策の動機を決定づけます。

前者の「若者が問題状況にある」という考え方は、若者は、脆弱で、危険にさらされており、保護の必要があるという見方に基づいています。脆弱であるのは、児童期の状況、あるいは、個人的な条件、その他の社会環境が原因です。

後者の「若者は資源である」という見方は、若者は将来的に価値があるというだけでなく、若者という立場にあるだけで、この時点ですでに価値があることを意味します。

若者は、若いとはどんなことであるのかを知っているので社会に貢献することができる。この視点に基づけば、若者は、自分の行動に対して責任があり、かつ、責任を取れるだけの能力があると見なされています。

どちらの視点も、ほぼすべての国の若者政策に表れているが、どちらの視点が支配的であるかということは大きな違いであります。

●一八歳選挙権の導入

松下　一八歳選挙権の導入というのも追い風になっていますね。

穂積　一八歳選挙権は、皮切りになったのが憲法改正国民投票の年齢引き下げであったように、多分に政略的な背景もありましたし、また成人年齢引き下げ・少年法改正問題とも密接に絡んでいますので、大きな文脈の中で見ていかなければならないと思います。が、社会参加・政治参加の年齢を引き下げることで、人口減少時代の若者の位置や役割をあらためて考える大きな促進剤になりましたから、一連の若者政策にもより強い注目が集まる相互作用が働きました。

また「主権者教育」や学校での「政治教育」のあるべき姿を模索する動きとも重なっていきます。

そして今日、人口減少時代への入り方において、また劇的に悪化した若者の雇用環境や結婚・子育て環境への対応において、系統的な若者政策への需要が高まったのが日本の状況です。

若者を取り巻く時代変化を追い風に、また先進事例を吸収しながら、より体系的で日本の実状にあった若者政策を構築する、ビッグチャンスが到来したというべきでしょう。

●マニフェストに掲げる

松下　私は、全国の市長さんにお会いするたびに、若者政策の政策化を提案しましたが、その時、唯一、「私もそう思う」と呼応してくれたのが、穂積市長でした。新城市は、すでにニューカッスル・アライアンスとの関連で、若者に注目する活動をしていたし、何よりも地方自治から日本の未来を考えると、公共主体としての若者をきちんと位置づけないと、私たちの未来がおぼつかないと考えておられたことが改めて分かりましたが、その後、選挙の際の市長マニフェストの第一に、若者政策が掲げられました。全国で最初の例で、ほかには見たことがありません。

穂積　若者政策をマニフェストに掲げたのは、私の三期目の選挙の時でした。一期目のマニフェストと現職として臨む二期目以降のマニフェストは、性格が変わってきます。

新城市の場合は、合併して二年目で第一次総合計画を策定しています。私の政策志向も、また多くの参加市民の英知もつまっています。ですからこれ以降は、総合計画の着実な実施が市政運営の根幹に座ることになりますし、マニフェストもその原則から外れることはできません。

しかしまた、あるいはだからこそというべきかもしれませんが、四年に一度の選挙こそは、総合計画には載っていないが、どうしても新たに重要施策としてやるべきと思われることを有権者に問う最大の機会だということになります。

総合計画の実施を積み上げていく「行政の継続性」と、現実の進行の中で新たに浮上してくるテーマを合意形成の場に乗せていく「政治の変革力」とを結合するのが、現職者のマニフェスト選挙だと考えています。

若者政策というまだあまり聞きなれない事業を市政推進の柱に加え、予算化・条例化までを可能にしたのは、選挙公約に掲げて信を問うたからこそでした。

3　若者政策の意義

●社会を支える若者の声が反映する

松下　若者政策は大げさな話ではなく、次の時代に担い手である若者を抜きには、未来を語れないという簡単な話だと思います。

穂積　各種投票率の世代別状況や政治意識調査からも明らかなように、現実の政治過程に若者は十分に関われていません。自治体におけるまちづくりへの市民参画過程でも同様です。

当の若者が、そんな面倒なことは誰かが決めてくれればよいと思っていて、かつその政治決定が若者の利益や将来進路も十二分に保障したものになっているのなら、あまり問題はないかもしれません。何も無理して、政治に関心を持てとか、投票に行くべきとか、若者政策だとかと声を大きくする必要もないかもしれません。

しかし人口減少時代に入った今日、主客は大きく変わろうとしています。超高齢社会を支える側の世代の声が直接に反映しない制度設計は持続不能に決まっていますし、自分の未来に一番大きく関わる公共政策決定を他人に白紙委任して良しとすることほど不合理なことはありません。

そして公共政策の制度設計がどうなろうとも人間の営みは続くので、若者世代の社会行動が制度設計通りに動かなかった時の社会的損失は計り知れないものになります。

君たちがどういう社会行動を取るか、どんな仕事を選ぶか、どんな家庭を営むか、どんな社会規範をもって人間関係を築くか、どんな価値観を大切にして人生を送るのかなどが、これからの日本社会のあり方を決めるので、その意思が活かされる社会をつくることに君たちの力を振り向けてほしいと、われわれは率直に語らなければならないと思います。

この真実を回避できる政治があるでしょうか。これを不必要と斥けることのできる人がいるでしょうか。

そして、ここに現実の矛盾が凝縮している（若者の声が活かされなければ成立しないはずの政策決定が、それ抜きで行われ、制度化されている）以上、それをまじめに正そうとするアクションは確実な賛同を得ていくでしょう。

●人格的自立・社会的自立

松下　新城市の若者政策は、直接的には若者の社会的自立がテーマですが、同時に若者の人格的自立も目指すものとなっていますね。

穂積　どんな社会集団や地域共同体でも、若者の自立のための訓練機関（期間）を持っているものです。昔であれば村の「青年団」や「若衆宿」などがそうでしたし、組合の「青年部」なんかもそうでしょう。

ただ、この三〇～四〇年間で日本社会の中から、こうした「若者自立装置」はどんどんと消失していきました。今は、かろうじて地域の消防団や経営者の世界でのＪＣのような組織が、何とかその役割を部分的に負っているのみです。

若者の社会的自立は、若者集団の中で切磋琢磨されることを抜きに果たすことはできない、これは古今東西変わらぬ法則ではないでしょうか。

社会人としての責任を果たすためには、自分が社会の中の「何者であるか」を知る必要がありますが、それには、若者同士が思いっきり語り合い、自分の姿をさらけ出し合い、さまざまな感情の葛藤の中から自己認識を確立していくプロセス、その集団行動を自分たちで動かしていく経験・体験こそが、最も高い効力を発揮するはずです。その意味で、若者の人格的自立と社会的自立は、密接に連動しています。

●若者政策の普遍性

松下　それゆえ自治体は、若者政策に手を出すべきであるし、標準装備として、どこの自治体でも若者政策を持つ必要があるといえますね。

穂積　若者の自立のための訓練機能を若者のために用意できていない社会は、いずれそれ自身の活力を失い、衰退の運命をかこつことになります。今の日本の社会政治体制は、まさにその曲がり角に立っています。だからこそ、自治体による若者政策であり、若者議会です。

●条例という継続装置

松下　新城市では、条例という政策形式を採用しました。政策内容を実現するには、計画や予算という形式でも可能です。なぜ条例なのかです。

穂積　新城市の若者政策は、いくつかの準備的取り組みの後、二〇一三年の市長選挙におけるマニフェストで公式のスタートを切りましたが、そこで活動を始めた若者たちが、ふと気づきました。今、この活動は市長マニフェストに基づいてやれているが、もし市長が代わって若者問題にあまり熱意のない市長となったらどうなるのだ？

その疑問に職員が答えます。条例で定めれば、市長や議会構成が変わっても、条例廃止がされない限りその政策は市の意思として続く、と。

ならばそれにチャレンジしようではないかと、アクセルが踏まれました。これは考えてみると凄いことです。社会を変える、政治に参画する、という時の「いきなり王手」の一手だからです。

日本はれっきとした法治国家です。法に基づく支配を統治原理に据えています。さまざまな社会矛盾の解決や改革にあたっては、究極のところ法律を変える、法律を廃止する、法律をつくる、ということで決着をつけるのが王道ですが、それにはものすごいエネルギーが必要とされます。

地方自治体の場合は、条例制定や条例改廃がそれに当たります。そこに正面から取り組むことで、若者政策の社会的認知も制度的持続性も財政的保障も一挙に獲得したことになります。

若者政策を一時の流行やまちづくりのアクセサリーのようなものに終わらせず、また時々の市長個人の属人的政策に左右されずに、継続させていく手立てを最初の一歩から手にしたことになります。

これは、若者自らが若者政策のキモは継承性をいかに確保するかだということに、最初から気を配っていたことが示されています。

4　地方創生と若者

●地方創生と若者政策について

松下　全国で始まった地方創生の目標は、いずれも若い世代の希望実現（自然増）、人が集まるまち（社会増）、安心して暮らせるまち（定住）で、ここでキーとなるのが若者です。

穂積　人口減少時代に適切に向き合っていくにあたって、地方創生は大きな柱です。「東京一極集中の是正」は、これまで何度も政策目標に挙げられてきましたが、実際はそれと裏腹な結果が続いています。

従来のそれは「国土の均衡ある発展」だとか、「地方の自立的発展」だとかの面からいわれてきたことが多かったと思いますが、これからはまさに国全体の浮沈に関わる課題として意識されていきます。

「若者と女性が活躍する社会」と「地方創生」とは、まさに重なり合った戦略事業になっています。若者世代、出産世代の流出が続く地方にとって、地方創生とは若者や女性が活躍できるまちをつくることそのものだからです。

新城市の若者議会、若者条例は二〇一五年四月から施行されていますが、国も相前後するように同様の目標を掲げるようになりました。私の理解では、これからの地域創生にとって、若者政策というものが非常に根幹に関わってくる政策課題になってくるだろうし、しなければならないということであります。

これは単に若者の声が反映できるまちをつくるというのみならず、新しい社会の可能性―若者が代表する新しい可能性に対して、より開かれたまちとなっていくための大きな指標であろうと思います。

新城のユースメンバーがニューカッスル・アライアンスから大きな刺激と目標を与えられたように、現代の若者にとってグローバル社会はもう生まれながらの前提となっていて、その中での自分の立ち位置や役割を求めていくことになります。地方創生で若者の活躍を目指そうとするなら、自治体施策の中にグローバルステージを最初から意識した市民活動支援を組み込んでおく必要があると思っています。

●若者の囲い込み？

松下　人口減少、東京の一極集中の時代にあって、若者に光が当たったのはいいのですが、それが若者の囲い込みになっているように思います。他から若者に移住してもらおう、しかし、一度来た若者は、外には逃がさないという政策です。本来は、若者にとって魅力的な自治体をつくろうという趣旨ですが、その原点が忘れられがちになります。

穂積　従来の自治体政策は若者定住等を通じて、若者の流出をできるだけ阻もうと、いわば「囲い込みの政策」を目標に掲げてきたわけでありますけれども、私自身はこのような囲い込み政策は現代の自治体政策としては功を奏することはないだろうというふうに思っています。

むしろ、流出と流入、ここから羽ばたいていくこと、そしてここに迎え入れていくこと、これをより大胆に、ダイナミックに行えるまちだけが、本当の生き生きとしたまちになれるはずです。日本国憲法は居住の自由、移転の自由、職業の自由を保障していますし、若者が自分の欲する場で活躍することを阻む理由は、地域には何一つありません。

同時にその若者たちの夢をかなえるようなまちであることによって、若者たちがより多くまちにとどまるとともに、より多くの外部の若者たちがこのまちを目指してやって来る、そういう地域づくりこそがこれから気概を持って取り組んでいかなければならないことです。

限られた人口を奪い合い、限られた若者をただ外に行かないように抑制するだけでは、真のまちづくりには至らないだろうというふうに思います。

5　若者政策のつくり方（前提条件）

●視察団の関心

松下　たくさんの取材や視察の方が、新城市に来られるようになったと思いますが、特に関心を寄せるのはどのような点ですか。

穂積　若者議会のＨＰを見てもお分かりの通り、各地の行政、議会、研究者からの視察や講演依頼が絶えません。担当者の感覚では、週二回のペースで取材を受けているという感じです。それだけ、この分野の政策展開がいかに必要とされていたか、各地で模索されてきたことが分かります。

視察等に来られた方の質問（関心）で、最も多いのは、次の三点です。

1　一過性のイベントや形だけの「議会」ではなく、独自に政策づくりを行い、予算（現在約一〇〇〇万円）をつけるという制度設計がどこから出てきたか（若者議会や若者政策の条例化も含め)。

2　その活動に意欲を持って参加する若者が多数生まれたのはなぜか。

3　他世代住民や市議会から反対多数が出なかったのはどうしてか。

1の問いは、実は2、3の疑問への答えでもあります。

回答を大づかみでいえば、若者たちの熱意があり、議会や地域住民が積極的に受け止めて、後押しをしようとの気運があれば、かなり踏み込んだ制度設計も可能になるということです。

いい換えれば、多くの自治体では、こうした若者の市政参画が必要だと感じており、そのための施策を実施する用意もあるのですが、実際にそれに応えてくれるような若者がいるのかどうか、いたとしても議会や住民サイドからの反対に合わないかどうか、これらについての懸念が先立って思い切って踏み出せない現状があるということだと思います。

これらの懸念が払しょくされさえすれば、若者政策はより大きなトレンドになっていく可能性を持っていることになります。

●案ずるより産むが易し

松下　若者は、若者らしい感性で問題を受け止めます。新城市の場合は、海外で自分のまちのことを自分の言葉で語れないことを「悔しい」と感じた若者がいた。でも、こうした悔しさは、若者ならば誰でも感じる「普通」の感性です。若者政策の資源は、どこのまちにもあるように思います。

穂積　同感です。私は若者の「主体形成」の仕方にもっともっと注意を払っていくべきと考えています。人間は誰しも、この社会の中で自分が「何者かでありたい」と願っています。人の役に立つ仕事をすること、経済的成功を収めること、アートの世界で活躍すること、良き家庭を築くこと、有名になること、一生の仕事にめぐり会うこと、などなど、その果実がどんなものであれ、最近の言葉で言えば「居場所」と「出番」を切実に求めます。

そして若者はそのために「自分を変えたい」、「自分を磨きたい」という欲求を、根源のところで抱えています。

それを受け止めて、発露させる場、また生涯の中で失意に陥っても絶えず出発点に戻れる原体験を刻む場が、家庭であり、学校であり、そして地域であると思います。

地域社会が、あるいはその集団意思を代表するものとして基礎自治体が、その場を提供する用意があることを若者たちに伝えることができれば、若者政策はもう半分以上実現されたも同然です。なぜならそこに若者期の生きる欲求があるからで、それが起動しさえすれば、後は若者自身が自らの道を切り拓いていくからです。

ですから若者政策の立案に関してのわれわれの実感は、多くの事業の場合と同様、「案ずるよりも産むが易し」といえるかと思います。

「われわれは君たち若者の力を必要としている」。若者政策を提案する際の出発はここに置かれます。提案の「本気度」が当然ながら問われます。政策対象としての若者から、政策主体としての若者、という立ち位置の転換を伴いますので、その「本気度」を見透かすのは、当の若者たち自身です。そしてその「本気度」が本物であればあるほど、それに呼応して行動する若者は必ずどの市町村にも存在します。

●大人社会の気運

松下　どんな政策でも、首長がやりたいと思っただけではできません。自治体を支える市民全体の共感がなければ政策は進みません。

穂積　新城市の場合は、「大人社会」の中に自治の気運があり、そのための経験が積まれていることが、若者政策の成功条件の一つだと思います。

新城市の若者議会が、年間一〇〇〇万円の予算枠を持って独自の政策立案や提案を行う仕組みをとっていることに対して、よく「議会や地域団体から異議や反対が出ませんでしたか」と聞かれることがあります。

私は、実感的にこんなふうにお答えしています。

新城市では、一〇年以上にわたって、めざせ明日のまちづくり事業や地域自治区予算のように、住民活動への支援を住民自身が審査したり、地域課題を予算化したりすることを続けてきました。もしこの経験がなくて、いきなり若者議会を立ち上げ、独自予算枠をつくるといった提案をしたら、おそらく住民理解も議会議決も得られなかったでしょう。

その経験を重ね、良い面もリスクとなりうる面も、多くの地域リーダーや議会議員が理解しているからこそ、若者議会への予算づけや条例化が実現できたのだと思います。

これはどういうことかというと、若者の自立を助ける社会の働きかけは、決して大人が若者に訓戒を垂れたり、こうあるべきと説教をするようなスタンスでは成立しえないということです。自治する社会を本気でつくり上げようと取り組む市民集団がいるからこそ、若者もそれを信頼し、その背中を追って立ち上がれるので、大人が自治していないのに、若者だけに自治することを求めても、そんな話には誰だって乗ってくることはないでしょう。

●自治体職員の感性と本気度

松下　私の体験でも、特に対市民に対する政策では、行政職員のやる気度によって、出てくる効果は違います。若者政策を実践する自治体職員の役割も重要です。

穂積　地域社会の自治と若者の自治とを橋渡しし、若者と一緒に伴走しながらまちづくりの仕組みづくりへとつなげていく役割を担うのが、自治体職員です。

新城市の若者議会・若者政策が前に進むためには、この職員集団がいなければなりませんでした。

一方で若者政策は、担当する職員に大きな学びの機会を提供します。新城市でもそのことを職員自らが語ってくれています。

一番大きなことは、やはり若者は「問題」ではなく「資源」であることを実感できることです。若者たちが本気になって動き出した時の熱意や行動力は、自治体職員に自らの職務を振り返り、自らの意欲を問い返すリトマス紙となります。若者の力を十分に信頼できない時、若者のパワーはどちらかというと「反抗」や「不信」のかたちを取ります。この反抗心や不信感を警戒して仕事をする限りは、若者のパワーは発揮されることはありません。

彼らの力を信じて一緒に行動した時、そのパワーは何物をも変えずにはおかないインパクトをもたらします。

それは行儀の良い、型にはまった「協働」の限界を乗り越えるものとなるでしょう。

行政職員はどちらかというと、あらかじめ管理され、誘導すべき結論が決められたシナリオに沿って仕事をすることに強い親和性を持っています。しかし従来のシナリオでは解決することも、問題の糸口をつかむこともできない航海に出ているのが、「人口減少時代」ではないでしょうか。

ここ一〇年から二〇年間のほどで進んできた「協働」や「参画」の手法も、行政実務のルーティンの枠に収まってしまうと、本来の可能性を失ってある種の惰性や飾り物に変じてしまいます。

若者政策の実践は、時として想定した枠組みを逸脱して世のひんしゅくを買うようなアイディアを産むこともあります。それさえも受け止めて大いに面白がるくらいの度量を身につければ、自治体職員にこわいものはなくなるはずです。

若者政策に本気で取り組む職員は、日々その「スリル」の中で鍛えられ、新しい仕事のスタイルを手にしていくはずで、それはすべての職員集団に伝播していくでしょう。

●議会の賛同

松下　条例には、納得性という効果があります。それは住民代表の市長が提案し、同じ住民代表の議会が賛成したという二つ民主性ゆえですが、その意味で、議会の賛同はポイントになります。新城市では、どのような議論（評価）があったのですか

穂積　もちろん議会の中では多種多様な意見がありました。若者世代を「特別扱い」することになるがその必要性はあるのか、予算枠をあらかじめ与えておくのはバラマキにつながるのではないかなどの、おそらくどの市町村でも出てくるであろう反応もないことはありませんでした。

ただ第2章で報告されているように、条例制定に先立ちユースの会が立ち上がって、その中で活発な議論が交わされてきて、その議論を何人かの議員さんがフォローし続けてくれていたこと、「市民まちづくり集会」のような場でこれらの若者が積極的に関与し、それが高齢世代にも好意的に受け止められていたことなど、かなり前向きな機運が下地としてできていました。

そして、これは新城市のように、若者の域外流出が目立ち、生まれる子どもの数も年々減少している地域では特にそうなるのだと思いますが、高齢者も若い人が目立って活躍する姿を見るのが本当に嬉しいのです。若い人の移住を歓迎するのと同じ感情です。子どもの声がうるさいので保育園に反対するというのと、真逆の住民感情です。若者の行動する姿は、それだけで高年齢世代を勇気づけ、活気づけるのです。

ですから若者政策を体系的に位置づけ、本気になってやるという提案をするならば、部分的な

反対意見や批判的チェック議論はあっても、根本のところで否定する議論は大勢を占めることはないと思います。

市議会もこの住民感情を受け止めていたはずです。

6　大人政策としての若者政策

●シルバーデモクラシー

松下　若者政策と対をなすのは、シルバーデモクラシーです。シルバーデモクラシーとは、高齢化社会の中で多数を占める高齢者、しかも投票率が高い高齢者の意向によって、政策が決まっていくこととされています。シルバーというと、銀髪で紳士のイメージですが、「老害」的な否定的な意味で語られます。あたかもシルバーが問題のように論じられていますが、実はデモクラシーの方が問われているのではないかと私は考えています。

穂積　投票行動の力学からすると、たしかに「シルバーデモクラシー」の弊害のようなものも現実的には無視できない面もあるかもしれません。ただ、ここまで進んだ高齢化社会は、高度な医療や各種社会保障制度が整備されたことによるものです。世代間相克でこの問題を扱えば、実は現役世代に対して、あなた方が高齢者になる時は、今のような保障水準はなくなるというのと変わりません。今日のユースは明日のシルバーです。

むしろ高齢者福祉のために使われる社会的費用や高齢者の消費が、若者の経済活動を助けたり、世代のリレーに寄与したりする、地域の新しい相互援助や経済循環をつくることにエネルギーを傾けるべきと思います。

新城市では、若者政策と並行して「地域産業総合振興条例」の制定に取り組み、若者や女性の起業支援とか域内経済循環のために、いかに全住民がそれぞれの役割を果たすかを議論してきました。

●若者政策が大人に問いかける

松下　若者政策は、実は大人政策でもあります。現在の大人の社会は、このままでよいのかという問いかけでもあります。大人たちは、まちの主体として、その力を発揮しているか、あるいは民主主義の体現者として行動しているかを、若者を写し鏡にして、大人自身一人ひとりに問うています。

穂積　その通りだと思います。若者たちが自分の意見を堂々と述べ始めると、われわれ高年齢世代は、はっと「我に返る」気持ちに駆られることがしばしばです。社会の諸問題を考える時の初心といいますか、そもそもの原点を振り返らざるをえなくなります。社会的公正や正義に対する感度が鈍磨していないかも問われます。

若者が「資源」だというのも、この価値を含んでいます。

7　若者政策の今後①——継続性・安定性をめぐって

●少年老い易く

松下　多くの自治体政策の課題は、継続性・安定性です。花火のように打ち上がるが、それが継続しないという問題です。

穂積　「少年老い易く学成り難し」とも「光陰矢のごとし」ともいいます。はたまた「命短し恋せよ乙女」とも。若い時にできることは、若い時にやるしかありません。

今日の若者も、明日には中年の域に足を踏み入れています。学校に入学と卒業がつきもののように、「若者時代」は若者を卒業するための期間でもあるといえます。だから若者政策が、一定の継続性と安定性を持って展開されるためには、それを担う若者が絶えず交代を続けている必要があります。

それだからこそ、それぞれの時点で任に就いたメンバーたちは、その時に自分の持てる力を発揮するとともに、先任者の仕事を受け継ぐことや、後輩たちに仕事をつなげていくことを意識することが大事です。もっともこれは学校の部活や生徒会活動などで体験済みのことなので、この世代にとっては自然の成り行きでもあるでしょう。

新城市若者議会は、「再任されることができる」規定があるものの、一期一年の任期が決められていて、現在第二期目に入った議会メンバーも全員が新任で、第一期メンバーは残らず「卒業」して「若者議会連盟」をつくった上で現役メンバーをサポートする役に就いています。

一期生は、みな本当に素晴らしいメンバーで、熱意を持って議会活動をしてもらいましたが、だからといって再任を続けたとしたらメンバーの固定化リスクを免れなかったかもしれません。ここにも若者議会の知恵が表れています。

●リレーの重要性

松下　一生懸命やればやるほど、しがみつく。それが悪い方に展開すると、発想や行動が固まり、新しいアイディアに対して、「それは若者政策ではない」といいがちです。

穂積　それには、「若者」を現時点での自分のことだけとは考えずに、社会の中の一つの「かたまり」として、また絶えず「新人」たちによって代謝を繰り返していく承継集団としても見ていくことが重要だと思います。

若者が活躍できるまちを築くためには、この代謝・継承が自力で行われるような仕組み、つまり、決められた年齢にくるとその一員になることを引き受け、その年代にふさわしい役割を果たすとともに、その年齢を越える時には後進者にそれを果たさせるようにつくられた仕組みが、恒常的に機能している必要があります。

若者メンバー自身のバトンリレーを支えるには、行政や議会側が確固たる政策意思を持ち続け、若者を支える職員体制のバトンリレーも重要です。

8　若者政策の今後②——制度としての発展性

●若者議会の正統性

松下　常に問われてくるのは、若者議会委員の代表性や正統性の問題です。若者議会のメンバーは、予算の使い道を考え、提案するわけですが、メンバーは選挙によって選ばれたわけではないので、常に正統性の問題が付きまといます。

穂積　若者による予算提案権が、限られた人の特権になってしまっては元も子もありません。

それに対する一つのアイディアは、現在のところ本市の若者議会は、市長の諮問機関と位置づけられていますが、これを議会の附属的な組織として位置づけるということも考えられます。本来の意味の「議会」ということになると、その選出過程と運営をより民主的なものとして位置づけられるのではないかと思います。

もちろんヨーロッパのいくつかの若者議会のように、若者自身の選挙によってメンバーが選ばれてくる姿を構想することもできますが、日本でそこに行き着くにはもう少しの時間と経験が必要であろうと思います。

●議会の政策提案機能の強化に向けて

松下　議会については、その政策提案機能が問われています。憲法九三条を素直に読むと、二元代表制を採用し、国のような議院内閣制とは違って同じ住民代表である首長と議会が政策競争をする仕組みとして組み立てられています。他方現実には、議会の政策提案機能について課題も多い中で、議会の政策提案能力を高める方法として、若者議会を議会の組織の一つにするという発想は面白いですね。

穂積　地方分権改革以来の自治体改革は、これまで首長主導で進められることが多く見られました。首長と議会との、持っている権限や組織、政策資源などの差異から避けられないことでもありましたが、本来は議会がもっと前面に出てこなければいけないのではないでしょうか。

首長が直接住民の意思を市政に反映させる手法を取ると、古い議会は紋切り型のように「議会軽視」だと非難をしてきました。しかし議会自らが、多種多様な市民意思を吸収し、多種多様なチャネルを用意して、より納得性の高い合意形成手法を開発することは可能です。

いま新城市では、若者議会、女性議会、中学生議会など「議会」の名を冠した議論と建議の場を設置しています。その制度設計にあたって私は、現段階でこれらは市長の附属機関のような位置づけにするしかないが、議会の設置する諮問や審議や公聴の機関に変えても成立できるように考えておいてほしいと、担当職員に指示してきました。

もし議会にその意思があり、必要な事務機能と予算措置が整えられるなら、明日にでも議会設置の機関に移し替えることができます。

地方議会がこうした責任を引き受けてもらえるようになることが、地方自治の深化には絶対必要なことだと思います。

●若者政策を日本全体の政策に

松下　自治体政策の醍醐味は、一つの自治体で始まった試みが、ほかの自治体にも広がり、それが国全体の政策となっていくことです。情報公開制度、個人情報保護制度、最近では、空き家対策など、いくつもの実績があります。

穂積　新城市をはじめ、全国の自治体で始まった若者政策が、国全体の政策として確立していけるかの問題です。

一八歳選挙権の議論の時もそうでしたが、ここに狭い党派的利害がからむと望むべき形にはならないでしょう。憲法改正国民投票も現実味を帯びてきている昨今です。自分の側の支持拡大に有利になるならば若者の政治参加を促進するが、そうでない可能性が大なら抑止しようとのスタンスを主要政党が取れば、若者政策の目的は果たせません。

そもそも、人口減少時代の、家族、教育、雇用、社会保障全体に密接な関係を持つのが、社会政策としての若者政策です。党派利害を超えた共通の理念と制度設計にこぎつけてほしいと思うところです。

付録

○新城市自治基本条例

平成24年12月20日
条例第31号
改正　平成28年3月22日条例第18号

目次

私たちは、新城市に暮らし、さまざまな伝統・文化・産業をつくりあげてきました。この地域には、誇るべき歴史遺産や美しい自然、人間味あふれるつながり、豊かなみのりがあり、私たちはそうしたものを大切に守ってきました。

この魅力ある私たちのまちが、元気に住み続けられ、世代のリレーができるまちとなるためには、市民一人ひとりを大切にし、老若男女みんなが当事者となってまちづくりをすすめなくてはなりません。

私たちは、この地域に対する愛情を育み、市民、議会及び行政が相互理解と信頼のもとにそれぞれの力を発揮する仕組みを構築し、新城市がより魅力あるまちとなるよう、ここに新城市自治基本条例を定めます。

第1章　総則

（目的）

第1条　この条例は、新城市のまちづくりに関する基本的な理念並びに市民、議会及び行政の役割及び仕組みを明らかにすることにより、市民が主役のまちづくりを推進し、元気に住み続けられ、世代のリレーができるまちを協働してつくることを目的とします。

（定義）

第2条　この条例において使用する用語の意義は、次のとおりとします。

(1) 住民　市内に住所を有する者をいいます。
(2) 市民　住民、市内で働く人若しくは学ぶ人又は市内において公益活動する団体をいいます。
(3) 市　議会及び市の執行機関を含めた地方公共団体をいいます。
(4) 行政　執行機関である市長、教育委員会、選挙管理委員会、監査委員、公平委員会、農業委員会及び固定資産評価審査委員会の総称をいいます。
(5) まちづくり　住みやすいまちにするため、市民、議会及び行政が行動することをいいます。
(6) 協働　市民同士又は市民、議会及び行政が対等な関係で協力及び連携し、まちづくりを行うことをいいます。
(7) 行政区等　行政区、自治会等地域住民の自主的な意思による総意に基づき、地域を住みよくするために運営される団体のことをいいます。

(条例の位置付け)
第3条　市は、他の条例、規則等の制定及び改正に当たっては、この条例の趣旨を尊重します。

第2章　まちづくりの基本原則

(まちづくりの基本原則)

第4条　まちづくりの基本原則は、次のとおりとします。
(1)　市民主役の原則　市民一人ひとりが主役となってまちづくりを進めます。
(2)　参加協働の原則　市民、議会及び行政は、積極的な参加と協働によりまちづくりを進めます。
(3)　情報共有の原則　市民、議会及び行政は、互いに情報を共有し、まちづくりを進めます。

第3章　市民等

(市民の権利)
第5条　市民は、まちづくりの担い手として、市政に参加することができます。
2　市民は、市政についての情報を知る権利を有し、議会及び行政に対しその保有する情報の公開を求めることができます。
(市民の責務)
第6条　市民は、まちづくりの担い手であることを自覚し、互いに住みやすいまちの実現に努めます。
2　市民は、互いの活動を尊重し、自らの発言と行動に責任を持つものとします。
(子ども)
第7条　子どもは、地域社会の一員として尊重され、まちづくりに参加することができます。

（市民活動団体）

第8条　ボランティア団体等、自主的に公益活動を行う市民活動団体は、互いに連携し、行政区等と力を合わせてまちづくりに努めるものとします。

（協力者）

第9条　市民、議会及び行政は、市民以外の人又は団体であってまちづくりに協力するものに、まちづくりの多様な参加の機会を与えることができます。

第4章　議会

（議会の責務）

第10条　議会は、直接選挙により選ばれた代表者である議員によって構成される意思決定機関であることから、市民の意思が市政に反映されるよう議会運営に努めます。

2　議会は、行政運営が適正に行われるよう調査及び監視機能を十分に発揮し、政策立案機能の充実に努めます。

3　議会は、保有する情報及び議会活動を市民に公開し、多くの市民が議会と市政に関心を持つよう広報活動に努めます。

4　議会は、公正性、透明性及び倫理性を確保することにより、開かれた議会と市民参加を推進するため、新城市議会基本条例（平成23年新城市条例第20号）で定めるところにより、市民自治社会の実現を目指します。

（議員の責務）

第11条　議員は、自らの役割と責務を認識し、公正かつ誠実に職務を遂行します。

2　議員は、将来を見据えた広い視野をもって、市民全体の福祉の向上を目指して活動します。

3　議員は、市民全体の代表者として、自らの能力を高める不断の研さんに努めます。

第5章　行政

（市長等の責務）

第12条　市長は、中長期的な視点から、市政の目的が最大限に達成されるよう総合的かつ計画的な行政の運営に努めます。

2　市長は、市政の課題に的確に対応できるよう行政の組織について常に見直します。

3　行政は、市民の市政に関する要望等に迅速かつ誠実に応答するよう努めます。

4　行政は、市民の立場で考えて仕事をする職員を育成し、市民サービスの質を向上させます。

（職員の責務）

第13条　職員は、市民のために働く者として、公正かつ誠実に職務を行います。

2　職員は、職務に必要な専門的知識の習得及び能力向上に努めます。

3　職員は、自らも地域社会の一員であることを自覚し、市民としての責務を果たすとともに、協働によるまちづくりの推進に配慮して職務を行います。

第6章　参加の仕組み

(参加)

第14条　市は、市政に関する計画及び政策を策定する段階から市民の参加を促進します。

2　市は、市民の多様な参加の機会を設けます。

(市民まちづくり集会)

第15条　市長又は議会は、まちづくりの担い手である市民、議会及び行政が、ともに力を合わせてより良い地域を創造していくことを目指して、意見を交換し情報及び意識の共有を図るため、三者が一堂に会する市民まちづくり集会を開催します。

2　前項の規定にかかわらず、市長及び議会は、市民まちづくり集会を共同開催することができます。

3　市長は、特別な事情がない限り年1回以上の市民まちづくり集会を開催します。

4　年齢満18歳以上の日本国籍を有する住民は、その総数の50分の1以上の者の連署をもって、市長に対して市民まちづくり集会の開催を請求することができます。

5　市民まちづくり集会の実施に関し必要な事項は、別に定めます。

(住民投票)

第16条　年齢満18歳以上の日本国籍を有する住民は、市政に係る重要事項について、その総数の3分の1以上の者の連署をもって、市長に対して住民投票の実施を請求することができます。

2　市長は、前項の請求があったときは、住民投票を実施するものとします。

3　議会及び市長は、住民投票の結果を尊重します。

4　住民投票の実施に関し必要な事項は、別の条例で定めます。

（地域自治区の設置）

第17条　市は、地域内分権を推進するため、別の条例で定めるところにより、市長の権限に属する事務の一部を担い、地域の住民の意見を反映させつつこれを処理する地域自治区を設置します。

（行政区等）

第18条　住民は、地域社会の一員として、行政区等の役割について理解を深め、活動に参加するよう努めるものとします。

第7章　市政運営

（市政運営）

第19条　市長は、市の代表者として、市民の信託にこたえ、公正かつ誠実に市政を運営します。

（説明責任）
第20条　市は、市民に対し、市政の状況を説明する責任を負います。
2　市は、前項の説明に対する市民の質問に対し回答する責任を負います。
（情報）
第21条　市は、公正で開かれた市政の実現を図るため、市政についての情報の公開に関する総合的な施策に基づき、積極的に情報を公開します。
2　市は、市民の必要とする情報について、適切かつ速やかな提供に努めます。
3　市は、市民の個人情報に関する権利を保障するとともに、個人情報を適正に管理します。
（総合計画等）
第22条　市長は、地域における総合的かつ計画的な行政の運営を図るための基本構想を定めます。
2　市長は、基本構想、基本計画その他市の施策の基本となる計画を策定するに当たっては、市民参加の機会を保障します。
（財政運営）
第23条　市長は、財政運営に当たっては、財源の確保並びにその効率的な活用及び効果的な配分に努めます。
2　市長は、市の財産を適正に管理し、効率的に運用します。

3　市長は、財政に関する状況を公表します。

第8章　実効性の確保

（市民自治会議の設置等）

第24条　市長は、この条例の実効性を確保するため、市民自治会議を設置します。

2　市長は、この条例に関することについて、市民自治会議に諮問することができます。

3　前2項に規定するもののほか、市民自治会議の組織及び運営に関して必要な事項は、別に定めます。

（条例の見直し）

第25条　市長は、5年を超えない期間ごとにこの条例を見直し、必要な場合は改正を行います。

附　則

この条例は、平成25年4月1日から施行します。

附　則（平成28年3月22日条例第18号）抄

（施行期日）

1　この条例は、平成28年6月19日から施行する。

○新城市若者条例

平成26年12月24日
条例第56号

新城市のまちづくりの指針である新城市自治基本条例は、市民が主役のまちづくりを推進することで、元気に住み続けられ、世代のリレーができるまちをつくることを目的としている。「市民が主役のまちづくり」は、地域活動、市政等への市民の参加が促進され、多様な世代の市民の思いや意見が反映されて実現されるものである。

「世代のリレーができるまちづくり」は、次代の社会を担う若者の人口が減少している状況下においては、市民全体で若者を応援し、若者が、学校や会社に限らず、地域活動、市政等のあらゆる場面で、より一層その能力を発揮して活躍することができる環境を整え、このまちに住みたいと思える魅力あるまちをつくりあげることで実現されるものである。

このような認識の下、多くの若者が思いや意見を伝える機会を確保し、さまざまな場面でこれらを反映する仕組みを新たにつくるとともに、若者も自ら考え、その責任の下、主体的に行動することにより「若者が活躍するまち」の形成を目指すことで、真に市民が主役となるまちと世代のリレーができるまちを実現するために、ここにこの条例を制定する。

(目的)

第1条　この条例は、若者が活躍するまちの形成の推進について、基本理念を定め、並びに若者、市民、事業者及び市の責務を明らかにするとともに、若者が活躍するまちの形成の推進の基本となる事項を定めること等により、総合的に若者が活躍するまちの形成の推進を図り、もって市民が主役のまちづくり及び世代のリレーができるまちの実現に寄与することを目的とする。

(定義)

第2条　この条例において、次の各号に掲げる用語の意義は、当該各号に定めるところによる。

(1)　市民　新城市自治基本条例(平成24年新城市条例第31号。以下「自治基本条例」という。)第2条第2号に規定する市民をいう。

(2)　若者　おおむね13歳からおおむね29歳までの者をいう。

(基本理念)

第3条　若者が活躍するまちの形成の推進は、次に掲げる事項を基本理念として行わなければならない。

(1)　若者が地域社会とのかかわりを認識し、他者とともに次代の地域社会を担うことができるよう社会的気運を醸成すること。

(2)　若者の自主性を十分に尊重しつつ、その自主的な活動に対して必要な支援を行うこと。

(3)　若者、市民、事業者及び市が、それぞれの責務を果たすとともに、相互の理解と連携のもとに、協働して取り組むこと。

（若者の責務）

第4条　若者は、前条の基本理念（以下「基本理念」という。）にのっとり、自らがまちづくりにおいて活躍が期待される主体であることを認識し、地域の文化、歴史等に関する理解及び関心を深めるとともに、自主的な活動に取り組み、並びに市民及び事業者が取り組む活動並びに市が実施する施策に積極的に参加し、協力するよう努めるものとする。

（市民の責務）

第5条　市民は、基本理念にのっとり、若者に対して自らが取り組む活動への参加を促し、並びに日常生活及び社会生活に関する必要な情報の提供、助言その他の支援を行うとともに、市が実施する若者が活躍するまちの推進に関する施策に協力するよう努めるものとする。

（事業者の責務）

第6条　事業者は、基本理念にのっとり、その事業活動に従事する若者に対して事業活動に関する必要な情報の提供、助言その他の支援を行い、並びに若者の自主的な活動及び市民が取り組む活動への参加の機会を確保するよう努めるとともに、市が実施する若者が活躍するまちの推進に関する施策に協力するよう努めるものとする。

（市の責務）

第7条　市は、基本理念にのっとり、若者が活躍するまちの形成の推進のために必要な施策を策定し、及び実施しなければならない。
2　市は、若者、市民及び事業者と連携を図りながら若者が活躍するまちの形成の推進に取り組むものとする。
（若者総合政策）
第8条　市長は、若者が活躍するまちの形成の推進に関する施策を総合的かつ計画的に実施するための計画（以下「若者総合政策」という。）を定めなければならない。
2　若者総合政策は、次に掲げる事項を定めるものとする。
(1)　若者が活躍するまちの形成の推進に関する基本的な方針
(2)　市が実施する施策の内容
(3)　前2号に掲げるもののほか、若者が活躍するまちの形成を総合的かつ計画的に推進するために必要な事項
（若者の意見の収集等）
第9条　市は、若者が市政に対して意見を述べることができる機会を確保し、市政に反映するよう努めるものとする。
（若者議会）
第10条　市長は、若者総合政策の策定及び実施に関する事項を調査審議させるため、新城市若

者議会を設置する。

（若者の訪れる機会等の提供）

第11条　市は、若者が多く訪れるような機会又は場所を提供するよう努めるものとする。

（活動等に対する支援措置）

第12条　市は、若者、市民及び事業者が取り組む活動であって、若者が活躍するまちの形成の推進に資すると認めるものに対して、予算の範囲内において、必要な財政上の措置を講ずるよう努めるものとする。

2　市は、若者、市民及び事業者が若者が活躍するまちの形成の推進に関する活動に取り組むに当たって必要があると認めるときは、管理する施設、設備及び物品の貸付け等の措置を講ずるよう努めるものとする。

（普及啓発等）

第13条　市は、若者が活躍するまちの形成の推進に関し、市民及び事業者の関心を高め、その理解と協力を得るとともに、若者、市民及び事業者のそれぞれが取り組む活動に対して相互の参加が促進されるよう、必要な啓発活動を行うものとする。

2　市は、若者総合政策の実施状況のほか、若者、市民及び事業者が取り組む活動のうち、若者が活躍するまちの形成の推進に特に資すると認めるものの実施状況について、インターネットの利用その他の方法により公表するものとする。

（表彰）
第14条　市長は、新城市功労者表彰条例（平成19年新城市条例第10号）に定めるところにより、若者が活躍するまちの形成の推進に貢献し、その功績の顕著な者を表彰することができる。
（若者活躍推進月間）
第15条　市は、若者が活躍するまちの形成の推進を図るため、若者活躍推進月間を定めるものとする。
2　市は、若者活躍推進月間において、その趣旨にふさわしい施策を実施するよう努めるものとする。
（若者活躍推進体制）
第16条　市長は、若者総合政策その他若者が活躍するまちの形成の推進に関する事項について、自治基本条例第24条第1項に規定する市民自治会議に諮問することができる。
（委任）
第17条　この条例の施行に関し必要な事項は、市長が別に定める。
附　則
この条例は、平成27年4月1日から施行する。

○新城市若者議会条例

平成26年12月24日

条例第57号

改正　平成28年3月22日条例第6号

（趣旨）

第1条　この条例は、新城市若者条例（平成26年新城市条例第56号。以下「条例」という。）第10条に規定する新城市若者議会（以下「若者議会」という。）に関し必要な事項を定めるものとする。

（所掌事務）

第2条　若者議会の所掌事務は、次に掲げるとおりとする。

(1)　市長の諮問に応じ、条例第8条第1項に規定する若者総合政策（以下「若者総合政策」という。）の策定及び実施に関する事項を調査審議し、その結果を市長に答申すること。

(2)　前号に掲げるもののほか、若者総合政策の推進に関すること。

（組織）

第3条　若者議会は、委員20人以内で組織する。

（委員）
第4条　委員は、次に掲げる者のうちから、市長が委嘱する。
(1)　市内に在住、在学又は在勤する若者であって、おおむね16歳からおおむね29歳までのもの
(2)　前号に掲げる者のほか、市長が必要と認める者
2　委員の任期は、1年とする。ただし、補欠委員の任期は、前任者の残任期間とする。
3　委員は、再任されることができる。
（議長及び副議長）
第5条　若者議会に議長及び副議長を置く。
2　議長は、委員の互選によって定め、副議長は、議長が指名する。
3　議長は、会務を総理し、若者議会を代表する。
4　副議長は、議長を補佐し、議長に事故があるとき、又は議長が欠けたときは、その職務を代理する。
（会議）
第6条　議長は、若者議会を招集し、その会議の議長となる。
2　若者議会は、委員の半数以上が出席しなければ会議を開くことができない。
3　若者議会の議事は、出席委員の過半数で決し、可否同数のときは、議長の決するところに

よる。

4　若者議会は、必要があると認めるときは、その会議に関係者を出席させ、その説明又は意見を聴くことができる。

（部会）

第7条　若者議会に、部会を置くことができる。

2　部会は、議長が指名する委員をもって組織する。

3　部会に部会長を置き、部会の委員の互選によってこれを定める。

4　部会長は、部会の事務を総理し、部会を代表する。

5　部会長に事故あるとき、又は部会長が欠けたときは、あらかじめ部会長の指名する部会の委員が、その職務を代理する。

6　前条の規定は、部会について準用する。この場合において、同条第1項中「議長は」とあるのは「部会長は」と、「若者議会」とあるのは「部会」と、同条第2項中「若者議会」とあるのは「部会」と、「委員」とあるのは「部会の委員」と、同条第3項及び第4項中「若者議会」とあるのは「部会」と読み替えるものとする。

（庶務）

第8条　若者議会の庶務は、企画部において処理する。

（委任）

第9条　この条例に定めるもののほか、必要な事項は、市長が別に定める。

附　則

（施行期日）

1　この条例は、平成27年4月1日から施行する。

（最初の会議の招集）

2　この条例の施行の日以後、最初に招集される若者議会については、第6条第1項の規定にかかわらず、市長が招集する。

（新城市特別職の職員で非常勤のものの報酬及び費用弁償に関する条例の一部改正）

3　新城市特別職の職員で非常勤のものの報酬及び費用弁償に関する条例（平成17年新城市条例第51号）の一部を次のように改正する。

〔次のよう〕略

附　則（平成28年3月22日条例第6号）

この条例は、平成28年4月1日から施行する。

本書を上梓するにあたって——あとがきに代えて

本書は、編者である松下啓一と新城市長の穂積亮次、愛知県新城市の自治体職員や市民による共著である。

全三章のうち、第1章は、松下啓一が書き下ろしたが、第2章は、新城市において若者政策を立ち上げ、実践している自治体職員と市民が、その体験を踏まえて執筆したものである。その分、現場にいる者でなければ書けない内容になっている。第3章は、穂積亮次新城市長と私の対談をまとめたものである。穂積さんらしい、奥行きのある対談になったと思う。

第2章の執筆者たちは、それぞれが自分たちの本務があり、それを目一杯やった上で、余暇をひねり出しての原稿書きで、ずいぶんと苦労したようだった。編者の注文が、これまで実践してきたことを単に紹介するものにとどまらず、これから若者政策に取り組もうと考えている自治体や担当者の人たちが、聞きたいこと、知りたいことを書いてほしいというものなので、大変さはさらに倍加したようだった。ただ苦労し、努力した分、読者が知りたいと思うことに迫る本になったように思う。きっと、今頃、第2章の執筆者たちは、自分たちの本ができ上がった喜びよりも、もう原稿を書かないでよいことにホッとしているのではないだろうか。

全国の津々浦々、どこのまちでも、そのまちのために奮闘している人たちがいる。本人たちにとってみれば、日常的なことで、特別のことをしているわけではないというが、出会った私は、とてもうれしくなり、未来への希望を感じることになる。

私の役割の一つは、そうした人たちに光を当て、その活動を広く社会に紹介することであるが、本の共同執筆もその一つである。その本によって、全国の取り組みが後押しされることが目的ではあるが、同時に、まちのために奮闘している人たちの努力に報いることになれば何よりだと思う。

本書も、たくさんの思いや希望が詰まった本になった。

《執筆者》

第1章　自治体若者政策とは何か

松下啓一（相模女子大学教授）

第2章　若者が活躍できるまちへ――新城市の取り組み

竹下修平（第一期若者議会議長、新城ユースの会代表）

鈴木孝浩（地域おこし協力隊、若者議会メンター市民）

植田容正（総務部税務課主事、若者議会メンター職員）

森　玄成（企画部まちづくり推進課副課長兼若者政策係長）

白頭卓也（企画部まちづくり推進課若者政策係主事）

林　俊太（企画部まちづくり推進課若者政策係主事）

第3章　若者政策の思想――穂積亮次×松下啓一対談

穂積亮次（新城市長）×松下啓一

二〇一七年二月

松下啓一

■編者略歴

松下啓一（まつした　けいいち）

相模女子大学教授（前大阪国際大学教授）。パートナーシップ市民フォーラムさがみはら顧問。専門は現代自治体論（まちづくり，NPO・協働論，政策法務）。

主要著作

『自治基本条例のつくり方』（ぎょうせい），『協働社会をつくる条例』（ぎょうせい），『新しい公共と自治体』（信山社），『政策条例のつくりかた』（第一法規），『図解地方自治はやわかり』（学陽書房），『協働が変える役所の仕事・自治の未来——市民が存分に力を発揮する社会——』（萌書房），『励ます地方自治——依存・監視型の市民像を超えて——』（萌書房）ほか

穂積亮次（ほづみ　りょうじ）

2004年，愛知県鳳来町長就任。2005年，新城市・鳳来町・作手村3市町村の新設合併による選挙で新・新城市初代市長に就任し，2017年4月現在3期目。

主要著作

『自治する日本——地域起点の民主主義——』（萌書房）ほか

自治体若者政策・愛知県新城市の挑戦　〈市民力ライブラリー〉

——どのように若者を集め，その力を引き出したのか——

2017年4月20日　初版第1刷発行

編　者　松下啓一・穂積亮次

発行者　白石徳浩

発行所　有限会社 萌《きざす》書房

〒630-1242　奈良市大柳生町3619-1

TEL（0742）93-2234 / FAX 93-2235

［URL］http://www3.kcn.ne.jp/~kizasu-s

振替　00940-7-53629

印刷・製本　共同印刷工業・藤沢製本

ISBN978-4-86065-110-7